Gamber · Ideen finden, Probleme lösen

Konzept und Beratung der Reihe Beltz Weiterbildung:

Prof. Dr. Karlheinz A. Geißler, Schlechinger Weg 13, D-81669 München.
Prof. Dr. Bernd Weidenmann, Weidmoosweg 5, D-83626 Valley.

Paul Gamber

Ideen finden, Probleme lösen

Methoden, Tips und Übungen für einzelne und Gruppen

Beltz Verlag · Weinheim und Basel

Paul Gamber, Jg. 1951, Dr. phil., Diplompädagoge, arbeitet als selbstän-
diger Trainer und Berater in Heidelberg. Er ist Autor von Büchern und
Artikeln zu Management- und Trainingsthemen.

Für Melanie,
die mich zu diesem Buch inspiriert hat.

Lektorat: Ingeborg Strobel

© 1996 Beltz Verlag · Weinheim und Basel
Herstellung: Klaus Kaltenberg
Satz: Satz- und Reprotechnik GmbH, Hemsbach
Druck: Druckhaus Beltz, Hemsbach
Umschlaggestaltung: Bernhard Zerwann, Bad Dürkheim
Printed in Germany

ISBN 3-407-36323-0

Inhaltsverzeichnis

4. Die fünf Schritte des Problemlösens: D.I.A.N.A.

Die Kuh ist vom Eis

Geholfen haben:

Herr Dr. Alfred Linduschka und Herr Udo Spieß vom ASB Management Zentrum Heidelberg;

Herr Thomas Mann von der Mannheimer Versicherung AG;

Frau Penelope Roberts vom Computer Field Support der Universität von Maryland, European Division Heidelberg;

Frau Sabine Kury.

Ich danke dem Verlag für die kreative Zusammenarbeit.

Ihnen allen danke ich in der Gewißheit, daß es manchmal mehr als der Anstrengung eines einzelnen bedarf, um die Kuh vom Eis zu holen.

Liebe Leserin, lieber Leser

Sie, ich, wir alle haben im Leben schon manches Problem gelöst und waren hinterher froh und ganz stolz darauf, es wieder einmal geschafft zu haben. Wir konnten unser Wissen und unsere Fähigkeiten unter Beweis stellen und feststellen, daß sich etwas positiv verändert hat – in unserer Umgebung und in uns selbst. Ohne Probleme und deren Überwindung gäbe es kein Wachstum und keinen Fortschritt.

Manchmal stehen wir jedoch vor Situationen, in denen das eigene Wissen nicht mehr ausreicht, um sie zu bewältigen. In einer immer komplexer werdenden (Arbeits-)Welt können viele Probleme nur noch gemeinsam mit anderen gelöst werden. In Wirtschaftsunternehmen sind heutzutage mehr denn je kreative und umweltverträgliche Problemlösungen gefragt, gleich, ob es sich um die Neuentwicklung von Dienstleistungen oder Produkten, um Qualitätssicherung, um die Verbesserung von Arbeits- und Produktionsabläufen oder die Kommunikation am Arbeitsplatz handelt.

Dieses Buch handelt von solchen (Arbeits-)Problemen. Es kann überall dort zu Rate gezogen werden, wo geplant, projektiert und organisiert wird, in Schulen, Vereinen, Organisationen oder im privaten Bereich:

– Sie möchten Ihre Mitarbeiterbesprechungen effektiver gestalten. Welche kreativen Lösungen gibt es?
– In einem Verein stellt man fest, daß die Zahl der Mitglieder zurückgeht. Wie kann man das Problem analysieren, und wie trifft man eine rationale Entscheidung?
– Sie planen zusammen mit Ihren Kindern oder Schülern den Bau eines Lehrbiotops. Wie führen Sie in der Gruppe ein Brainstorming durch?

Das Buch richtet sich auch an Arbeits- bzw. Projektteams, die sich mit der Lösung derartiger Aufgaben beschäftigen. War früher in Wirtschaft und Verwaltung das Lösen von Problemen Sache des Managements, also weniger einzelner, so hat sich hier ein grundlegender Wandel vollzogen. Im

9

Zuge des Lean Management, der Dezentralisierung von Aufgaben- und Verantwortungsbereichen und des Abbaus von Hierarchien, hat sich diese Aufgabe zunehmend von »oben« nach »unten« bzw. in die »Mitte« verlagert. Heute sind die Mitarbeiter gefordert, die Probleme, die in ihrem Bereich auftreten, selbst zielorientiert zu lösen. Das ist auch gut so, denn wer kennt die Probleme vor Ort besser als das Mitarbeiterteam?! Jedoch müssen Teams auf diese Aufgabe sorgfältig vorbereitet werden.

Die Aufgabe des modernen Managements liegt weniger im Planen und Verwalten als darin, gemeinsam mit anderen Probleme zu lösen.

Beim Problemlösen in der Gruppe handelt es sich in erster Linie um einen sozialen Prozeß, der »richtige« Kommunikation, gegenseitige Hilfsbereitschaft und ständige Lernbereitschaft voraussetzt. Daneben ist Kreativität erforderlich. Menschen können lernen, ihr kreatives Potential zu entfalten. Der kreative Prozeß beginnt schon damit, daß man ein Ziel formuliert, daß man einen Mangel oder Mißstand erkennt und den festen Willen hat, Abhilfe zu schaffen. Dann müssen Ideen her. Selten ist eine Idee von Anfang an vollkommen klar, sie muß ausgearbeitet und verfeinert werden. Oft stellt sich heraus, daß es sich bei dem vermeintlichen Problem nur um ein Symptom handelt, hinter dem andere Ursachen stehen. Dann muß es neu definiert, es müssen neue Strategien entwickelt werden, um es zu lösen. Mit anderen Worten: Das Lösen von Problemen erfordert eine Struktur, einen Handlungsplan mit genau festgelegten Schritten.

Um systematisch vorzugehen, stehen uns heute eine Reihe bewährter Methoden zur Verfügung. In diesem Buch lernen Sie die fünf Schritte des Problemlösens kennen, für die ich die D.I.A.N.A.-Formel gefunden habe:

D = Definieren.
I = Ideen finden.
A = Auswählen.
N = Neudefinieren.
A = Anwenden.

Zu jeder dieser Phasen werden die wichtigsten und effektivsten Kreativmethoden in konkret umsetzbaren Teilschritten dargestellt und diskutiert. Die Gruppe wie auch der einzelne kann, je nach den besonderen Erfordernissen, Methoden auswählen, miteinander kombinieren und somit zu einer optimalen Lösung kommen.

So kann Problemlösen zum richtigen Abenteuer werden. Viel Spaß und viel Erfolg dabei!

Was ist ein Problem?

1.1 Woran erkennt man, daß es ein Problem gibt?

»Sobald Schwierig-keiten auftauchen, besteht der erste Schritt zu ihrer Über-windung in der An-erkennung ihrer Existenz.«
Mark Sanborn

Normalerweise bewältigen wir unseren (Arbeits-)Alltag trotz kleinerer oder größerer Probleme mühelos. Wir arbeiten an Computern und an komplizierten Maschinen, halten Besprechungen ab, planen, verhandeln, organisieren usw. Zu Hause reaparieren wir den Rasenmäher, helfen den Kindern bei den Schularbeiten, bauen den Dachstuhl aus und vieles ande-re mehr. Wir lösen tagtäglich Probleme mit Hilfe unseres Wissens und unserer Erfahrung, mal allein, mal mit anderen zusammen. Doch manch-mal treten Situationen wie die folgende auf:

Fallbeispiel

In der Firma »Möbel-Berger«, einem mittelständischen Hersteller von Bü-romöbel, herrscht Krisenstimmung. In letzter Zeit häufen sich nämlich die Beschwerden von unzufriedenen Kunden.

Die »Montags-Besprechung« leitet Herr Berger, der Geschäftsführer und Inhaber, mit den folgenden Worten ein: »*Also, meine Damen und Herren, da hat sich nun schon wieder ein Kunde darüber beschwert, daß eine Lieferung nicht fristgerecht erfolgte. Und außerdem sei die Ware leicht beschädigt gewesen. Was sagen Sie dazu?*«

Zuerst betretenes Schweigen, dann meldet sich Herr Müller von der Produktionsabteilung zu Wort: »*Das kann nur am Transport gelegen haben, denn jedes Produkt verläßt unsere Abteilung absolut fehler-frei!*«

»*Ha, ha!*« ertönt es im Hintergrund, der Zwischenrufer aber bleibt anonym.

»*Für das in Frage kommende Produkt fehlen uns derzeit die geeigneten Transportfahrzeuge*«, wendet Herr Köhler von der Vertriebsabteilung ein, und er fährt fort: »*Sie wissen alle, daß uns für kurzfristige Lieferungen zu wenige Kleintransporter zur Verfügung stehen. Was nicht heißen soll, daß der Schaden am Produkt auf unsere Kappe geht. Wir geben uns die allergrößte Mühe, die Ware absolut stoßsicher zu verpacken.*«

»*Ich stimme Herrn Köhler zu!*« pflichtet ihm jemand aus der Runde bei. »*Was wir brauchen, sind zwei zusätzliche Kleintransporter!*«

»*Die hat uns der Unternehmensberater gestrichen!*« wirft der Zwischenrufer ein.

Darauf Herr Behrens, der den Innendienst leitet: »*Das ist doch ein Problem des Außendienstes. Wenn der dem Kunden nicht glaubhaft vermitteln kann, daß er bei bestimmten Lieferungen etwas länger warten muß, dann werden uns derartige Beschwerden immer ins Haus flattern.*«

»*Sagten Sie ›Außendienst‹?*« entrüstet sich Herr Jakobsen, der demselben angehört. »*Wissen Sie eigentlich, was wir dem Kunden alles erzählen müssen, um die Schlampereien des Innendienstes zu vertuschen?!*«

Herr Berger: »*Aber meine Herren, jetzt beruhigen Sie sich einmal. Schließlich geht uns die Sache alle an. Ich erwarte von Ihnen konkrete Vorschläge, wie wir solche Probleme in Zukunft besser in den Griff bekommen können!*«

Wieder betretenes Schweigen. Jeder blickt in eine andere Richtung.

»*Ein Unternehmensberater muß her!*« ruft jemand aus der Runde.

»*Nein, danke!*« wirft der »unsichtbare« Zwischenrufer ein.

»*Wir müßten uns alle einmal zusammensetzen und die Sache in Ruhe diskutieren!*« schlägt eine vernünftig klingende Stimme vor.

»*Dafür fehlt mir die Zeit!*«, »*Endlosdiskussionen ohne Ergebnis!*«, »*Projektgruppen, das hat bei uns sowieso noch nie funktioniert!*« ertönt es aus verschiedenen Richtungen.

So oder so ähnlich laufen Hunderte von »Krisensitzungen« in Wirtschaft, Verwaltung und Vereinen ab. Nichts scheint mehr zu laufen. Oft bekommt man nach solchen Besprechungen und Konferenzen, in denen die anstehenden Probleme gelöst werden sollen, Klagen von den Teilnehmern hinter vorgehaltener Hand zu hören wie:

– »Mich fragt man ja nicht!«
– »Meine Ideen werden selten akzeptiert!«
– »Wir bekommen das Problem, um das es geht, nie richtig in den Griff!«
– »Einige zerreden alles!«
– »Das hätte ich alleine besser hingekriegt!«

Wodurch ist die Problemsituation bei der Firma »Möbel Berger« gekennzeichnet? Es gibt die Schwierigkeiten bei der Qualitätssicherung, beim Warentransport und beim Kundenservice, weshalb es zu den Beschwerden gekommen ist. Das ist die »offizielle« Geschäftsordnung.

Die »inoffizielle Agenda« sieht jedoch so aus:

– Die Kommunikation und die Kooperation zwischen den Beteiligten ist gestört; dies äußert sich in Ablehnung, Widerstand, Gereiztheit, Sturheit und Undiszipliniertheit.
– Es fehlt den Beteiligten an Informationen über die Schwierigkeiten, mit denen die anderen Abteilungen zu kämpfen haben. Dadurch fühlen sie sich im unklaren, worum es eigentlich bei dem Problem geht. Jeder hat seine eigene Sicht.
– Es kommt zu Machtspielen zwischen den Interessengruppen und zu gegenseitigen Schuldzuweisungen.
– Es gibt keine gemeinsame Entscheidungsfindung. Die Folgen, die daraus entstehen, sind: Die Motivation schwindet, Resignation macht sich breit und das Gefühl, daß alles beim alten bleibt.

1.2 Ein Problem und seine Folgen

Ein Problem liegt dann vor, wenn ein bestimmtes Ziel bzw. ein Soll-Zustand erreicht oder wenn einem Mängelzustand Abhilfe geschaffen werden soll und man nicht weiß, wie. Von einem Problem sprechen wir auch, wenn eine notwendige Entscheidung deshalb nicht zustande kommt, weil sich Gegenkräfte die Waage halten. Stellen Sie sich doch einmal vor, Ihr Haus brennt. Der rote Löschwagen ist zwar rasch zur Stelle, aber die Feuerwehrleute beginnen erst mit einer Diskussion, ob mit Wasser oder Schaum gelöscht werden soll. Es bilden sich zwei Meinungslager, die sich zerstreiten, derweil brennt Ihr Haus ab.

Probleme können lähmen, die Denk- und Handlungsfreiheit einschränken. Die Notwendigkeit zur Veränderung scheitert jedoch oft an den eingefahrenen Denkmustern und am Widerstand derjenigen, die sich ändern sollen. Unzufriedenheit und Stagnation sind die Folgen. Die Mißstände häufen sich, und sinkt in einem Unternehmen erst einmal der Umsatz drastisch oder ist die Wettbewerbsfähigkeit akut gefährdet, ist es meistens schon zu spät. Ist dieser Zustand erreicht, führt auch eine »machtvolle« Entscheidung von »oben« nicht dazu, daß sich an der Gesamtsituation etwas ändert, zumindest nicht, solange die Ursachen nicht erkannt und aus dem Weg geräumt werden.

Weitere Folgen von ungelösten Problemsituationen sind:

– Erhöhter Entscheidungsdruck.
– Reduktion wahrgenommener Alternativen, d.h., es stehen die unmittelbaren und nicht die weiter reichenden Folgen im Blickpunkt.
– Polarisierung des Denkens (»Schwarzweißmalerei«).
– Erhöhte Verteidigungs- und Alarmbereitschaft.
– Erhöhte Aufnahmebereitschaft für Gerüchte, Angst, Hoffnungen und die Bereitschaft zu abergläubischem und irrationalem Verhalten.

1.3 Probleme haben eine Sach- und eine Beziehungsebene

Wo Menschen zusammenarbeiten, gibt es immer wieder unterschiedliche Meinungen, Interessen und Bewertungen, die eine konstruktive Zusammenarbeit verhindern. Von einer guten Problemlösung erwarten wir aber nicht nur handfeste, nachprüfbare Ergebnisse, sondern auch postive Gefühle wie Zufriedenheit, Optimismus, Motivation und gute Zusammenarbeit.

Komplexe Probleme in der Arbeitswelt haben eine Sach- und eine Beziehungsebene. Auf der Sachebene geht es darum zu planen, Ziele zu setzen, Ressourcen einzuteilen, Aufgaben zu delegieren, Termine festzulegen usw.; wir bezeichnen dies als »harte« Problemanteile. In unserem Fallbeispiel ist das die »offene Agenda«.

Auf der Beziehungsebene kommen Gefühle und Verhaltensweisen, es kommen »weiche« Problemanteile zum Tragen. In der Firma »Möbel-Berger« ist das die »inoffizielle Agenda«, d.h. die Art und Weise, wie miteinander kommuniziert und zusammengearbeitet wird. Die Sach- und Beziehungsebene von Problemen, an denen mehrere Personen beteiligt sind, lassen sich gar nicht trennen. Ungelöste Beziehungskonflikte erschweren die Lösung auf der Sachebene – und ungelöste Sachprobleme beeinträchtigen nicht selten die Beziehungsebene der Beteiligten. Beide Seiten eines Problems müssen daher bearbeitet werden.

1.4 Problembewußtsein ist gefragt

Streß, Entscheidungsdruck und eine gestörte Kommunikation sind schlechte Ratgeber, wenn es um die Lösung komplexer Probleme geht. In Streß gerät derjenige, der gewohnt ist, sich in vorgegebenen Bahnen des Denkens zu bewegen, und Problemen lieber aus dem Weg geht, statt sie freudig in Angriff zu nehmen. Problembewußtsein ist also gefragt. Nur wer Probleme als Möglichkeit der Weiterentwicklung und Erneuerung sieht und nicht als lästige Hindernisse, ist in der Lage, zu wirklich neuen und besseren Lösungen zu kommen. Denn ein unvoreingenommenes Problemverständnis

- verändert Sichtweisen und Wertmaßstabe,
- zeigt die wirklichen Probleme und ihre Ursachen,
- regt Interesse, Neugier, Motivation und zu innovativen Lösungen an,
- wirkt spannungslösend und führt zur Klärung von Beziehungen.

Voreingenommenheit	Problembewußtsein
Probleme sind störende Hindernisse und hemmen den normalen Ablauf.	Jedes Problem stellt eine Möglichkeit zur Veränderung und Erneuerung dar.
Die meisten Probleme lassen sich mit Hilfe des vorhandenen Wissens lösen.	Für die Lösung von Problemen bedarf es sowohl des vorhandenen Wissens und vorhandener Fertigkeiten als auch des kreativen Vorgehens.
Jedes Problem hat seine konkrete Ursache, die es auszumachen und zu beseitigen gilt.	Probleme haben vernetzte Ursachen und stellen oft nur Symptome für andere Probleme dar.

1.5 Probleme, die Kreativität erfordern

Jeder Arbeits- und Tätigkeitsbereich hat seine besonderen Problemstellungen. So hat es ein Handwerker mit anderen Problemen zu tun als ein Arzt oder Wissenschaftler, ein Künstler sieht sich wiederum anderen Problemstellungen gegenüber als ein Manager oder Politiker. Jede Tätigkeit erfordert unterschiedliches Wissen und Fähigkeiten. Viele Aufgaben lassen sich durch Routine bewältigen, für andere braucht man Kreativität.

Gut und schlecht strukturierte Probleme

Unter »gut strukturiert« versteht man alle Probleme, die man mit Logik und dem vorhandenen Wissen lösen kann. Angenommen, man will wissen, wie hoch der Treibstoffverbrauch eines neuen Motors ist. Hierzu wird ein Modell getestet, und ein Computer berechnet aufgrund logischer Gesetze die optimale Motoreinstellung.

Man kann also sagen: Gut strukturierte Probleme lassen sich mit Hilfe vorgegebener Regeln lösen, nur müssen diese Regeln eben richtig angewandt werden. Außerdem gibt es eindeutige Kriterien, ob das Resultat stimmt oder nicht. Das ist zum Beispiel der Fall, wenn man einen Bausatz für ein Modellflugzeug oder für eine Schrankwand nach einer gedruckten Anleitung zusammensetzt oder wenn man ein Kreuzworträtsel löst: Es gibt nur ein Richtig oder Falsch.

In jedem Beruf gibt es jedoch neue, herausfordernde Situationen, die mit routinemäßigem Vorgehen nicht lösbar sind. Schlecht strukturiert sind Probleme, bei denen man mit vorgegebenen Regeln, mit Logik oder Instruktionen allein nicht weiterkommt. Sie bedürfen der Kreativität.

Hätte der Erfinder des Reißverschlusses je auf ein bestimmtes Lösungsverfahren zurückgreifen können? Es mußten neue, möglichst ausgefallene Ideen produziert werden, um das Problem zu lösen.

Im Alltag haben wir es häufig mit solchen schlecht strukturierten Entscheidungssituationen zu tun (siehe Fallbeispiel), man denke an den Bau eines Hauses, an eine neue Werbekampagne oder an die Neustrukturierung einer Organisation. Zwar lassen sich bessere und schlechtere Lösungen finden, absolut richtige oder falsche gibt es nicht. Auch die verschiedenen Arbeits- und Funktionsbereiche in Unternehmen und Organisationen stellen eher schlecht strukturierte Probleme dar, für die es keine exakten und eindeutig nachprüfbare Lösungen gibt. Gefragt sind neben Wissen und Erfahrung vor allem Kreativität und Einfallsreichtum.

> *Kreativität ist immer dann gefordert, wenn auf ein Problem bisherige Lösungen nicht ohne weiteres angewendet werden können, wenn wir es mit schlecht strukturierten Entscheidungssituationen zu tun haben.*

Gut strukturierte Probleme	Schlecht strukturierte Probleme
Routinedenken führt zum Ziel	Kreatives Denken führt zum Ziel
Ziel ist bekannt und kann mit Hilfe bekannter Lösungsschritte erreicht werden.	Ziel ist unbekannt und muß erst definiert werden.
Ähnliche Probleme wurden schon früher gelöst, bisheriges Wissen reicht aus.	Die Aufgabenstellung ist neu und komplex, bisheriges Wissen muß transformiert werden.
Richtige und falsche Lösungen sind möglich, logisches Vorgehen ist erforderlich.	Es gibt genaugenommen kein Richtig und Falsch, Lösungen können aber optimiert werden. Analytisches und kreatives Vorgehen ist erforderlich.
Für die Lösung sind keine neuen Lernprozesse notwendig, sie führt auch nicht zu neuem Wissen.	Für die Lösung sind Lernprozesse notwendig. Der Lösungsprozeß führt zu neuem Wissen.
Beispiele: – Kreuzworträtsel. – Konstruktion und (Nach-)Bau von Standardgeräten. – Routineberechnungen (z.B. Treibstoffverbrauch eines Motors).	Beispiele: – Konzeption einer Werbekampagne. – Einführung neuer Technologien und Managementmethoden. – Qualitätssicherung. – Neukonstruktionen.

Was ist kreatives Problemlösen?

2.1 Die kreative Persönlichkeit

> *»Ich ziehe es vor, die Kreativität als logischen Prozeß zu behandeln und nicht als eine Frage der Begabung oder der Mystik.«*
>
> Edward de Bono

Kreativität ist die Fähigkeit, zu neuen und ungewöhnlichen, dennoch praktisch verwertbaren oder irgendwie bereichernden Lösungen für ein Problem zu kommen, also etwas Neues schaffen, das es bisher noch nicht gegeben hat. Kreative Leistungen sind entweder Neuentwicklungen im Sinne von Pionierleistungen oder Neuanwendungen bzw. Veränderungen von bereits Bekanntem. Mit dem Begriff Kreativität werden häufig folgende Eigenschaften verbunden: schöpferisches Denken, Intuition, Phantasie, Imagination, Erfindungsgabe, Originalität usw.

Für viele ist Kreativität jedoch eine Eigenschaft, die nur Künstler oder geniale Wissenschaftler besitzen. Man kennt ja das Bild vom »skurrilen Künstler« oder vom »zertreuten Professor«, von Menschen also, die unserer Vorstellung nach zwar reich an Ideen und Phantasie sind, mit der wirklichen Welt und ihren Problemen aber wenig zu tun haben. Viele verbinden mit Kreativität erfolgloses Künstlertum und Weltfremdheit. Manche halten Kreativität auch für einen Luxus, der nichts einbringt. Lieber verläßt man sich bei den Problemen des Alltags auf das eigene Fachwissen und handelt nach dem Motto: »Keine Experimente!«

- ❖ **Vorurteil Nr. 1:** »Kreative sind Spinner!«
- ❖ **Vorurteil Nr. 2:** »Kreativität bringt nichts ein!«
- ❖ **Vorurteil Nr. 3:** »Kreativ sind nur die anderen.«

Gewiß, es reicht nicht aus, vor originellen Ideen nur so zu sprühen, dabei aber das Machbare aus den Augen zu verlieren. Daß die kreative Persönlichkeit neben Ideenreichtum und Phantasie auch ein hohes Maß an Realismus vorweist, beweist das Beispiel vieler herausragender Kreativer. Nehmen wir als Beispiel Walt Disney. Über die Person von Walt Disney wurden viele Bücher geschrieben, und viele haben versucht, ihn filmisch nachzuahmen. Was waren die Gründe für seinen beispiellosen Erfolg?

Eines der wichtigsten Elemente von Walt Disneys genialer Persönlichkeit war die Fähigkeit, ein Problem oder eine neue Idee aus verschiedenen Blickwinkeln betrachten zu können. Er war ein *Träumer*, der die Gabe besaß, seine Ideen für einen neuen Film in Tagträumen sehen, hören *und* fühlen zu können. Um seine Phantasien in die Tat umsetzen zu können, mußte er *Realist* sein. Der Realist Disney war in der Lage, seine Träume in Geschichten mit genau festgelegten Abfolgen zu organisieren. Damit besaß er die Fähigkeiten eines Managers, der ein neues Projekt plant. Es gibt einen Plan, um ein Ziel zu erreichen, und die verschiedenen Stufen des Projekts werden genau definiert. Disney war auch ein Perfektionist. Wenn einige Szenen eines neuen Films fertig waren, schlüpfte er in die Rolle des *Kritikers*, der, zum Leidwesen seiner Mitarbeiter, nicht mit Kritik an dem neu entstandenen Werk sparte. Damit vereinte Walt Disney sozusagen drei »Persönlichkeiten« in sich, wobei jede dieser »Teilpersönlichkeiten« zum richtigen Zeitpunkt in Aktion trat.

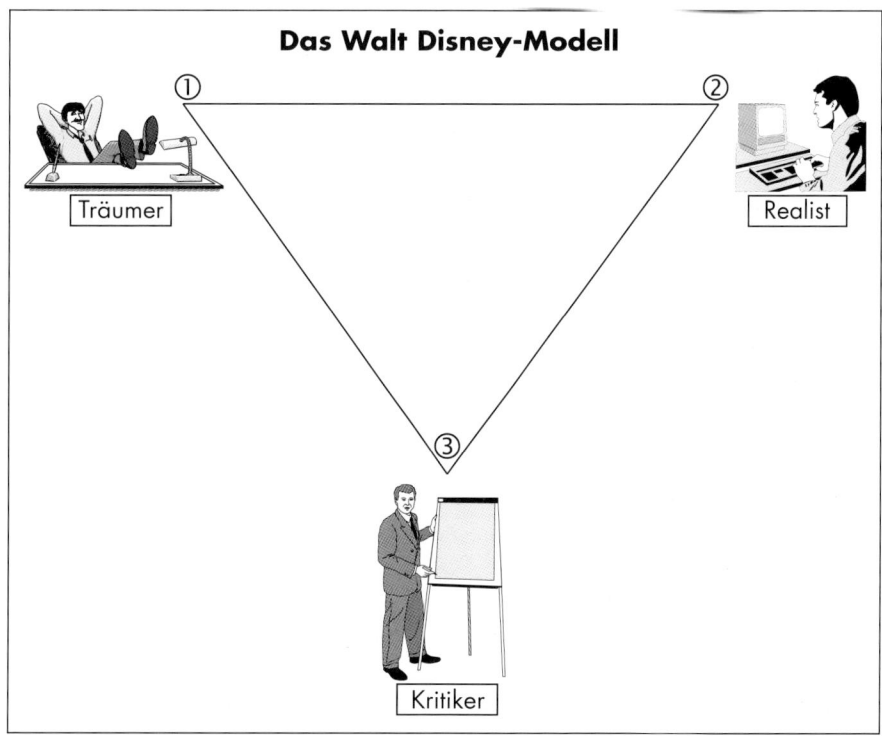

Das Walt Disney-Modell

① Träumer

② Realist

③ Kritiker

✎ Übung

Träumer

Tagträumen Sie; sehen Sie Ihre Wünsche und Visionen als Film.

- ☐ Schreiben Sie alle Details auf, machen Sie sich gegebenenfalls Skizzen oder Zeichnungen.
- ☐ Stellen Sie sich das Endprodukt bildhaft vor; beschreiben Sie es in allen Einzelheiten.
- ☐ Stellen Sie sich vor und beschreiben Sie, wie Sie sich fühlen werden, was Sie denken werden, wie andere auf Sie reagieren, wenn Sie Ihr Ziel erreicht haben.

Realist

Überlegen Sie, welche Schritte und Maßnahmen Sie jetzt unternehmen wollen, um Ihr Ziel zu erreichen.

- ☐ Denken Sie über mögliche Hindernisse nach und wie Sie diese überwinden können.
- ☐ Stellen Sie einen Zeitplan für alle notwendigen Teilschritte auf.

Kritiker

Nehmen Sie Abstand: Beurteilen Sie Ihre Vision, und üben Sie positive Kritik. Fragen Sie sich:

- ☐ Welche Vor- oder Nachteile bringt mir die Erreichung des Ziels?
- ☐ Welche Vor- oder Nachteile bringt es anderen?
- ☐ Wem kann ich damit dienen?
- ☐ Lohnen sich Aufwand und Kosten?
- ☐ Was kann ich tun, um die Qualität meines Produktes zu verbessern?

2.2 Kreative Fähigkeiten

Der Psychologe J.P. Guilford ist der Frage »Was ist Kreativität?« noch etwas weiter nachgegangen. Für ihn zeichnen sich kreative Menschen durch folgende Eigenschaften aus.

❖ **Problemsensibilität**
Damit ist die Fähigkeit gemeint, Probleme zu erkennen und wahrzunehmen, wo andere noch gar keine Probleme sehen. Dabei geht es um die Wahrnehmung bestimmter Mängelzustände, Hindernisse, Widersprüche und ihrer möglichen Ursachen. Nur dann, wenn wir Probleme erkennen, sind wir auch in der Lage, an ihrer Lösung zu arbeiten. Dazu gehört auch, die »richtigen« Fragen zu stellen. Versteht man unter Wahrnehmung die unmittelbare Erfassung von Objekten und Ereignissen in der Außenwelt und ihrer Beziehung zueinander, so ist die Wahrnehmung selbst schon ein kreativer Denkakt.

❖ **Flexibilität und Flüssigkeit im Denken**
Darunter versteht Guilford vor allem die Fähigkeit, Wahrnehmungen und Gedanken in Worte fassen und zu einem Problem rasch eine Vielzahl von Assoziationen und Querverbindungen herstellen zu können. Auch die Bereitschaft, überkommene Traditionen in Frage zu stellen, sich auf neue Situationen schnell einzustellen und eingeschliffene Verhaltensmuster über Bord zu werfen, zeichnet den flexiblen Denker aus.

❖ **Originalität**
Originalität im Denken heißt, Dinge von verschiedenen Blickwinkeln aus betrachten, Vertrautes im Geiste verändern, sich für Gegenstände und Ideen neue Verwendungszwecke ausdenken zu können. Zu einem Problem außergewöhnliche Ideen und Lösungen entwickeln bedeutet noch nicht in logischen Schritten vorgehen. Es ist meist der »Träumer« in uns, dem wir besonders originelle Ideen verdanken.

❖ **Analytisches Denken**
Analytische Fähigkeiten sind gefragt, wenn es darum geht, aus einer Vielzahl von Informationen Zusammenhänge zu erkennen. Voraussetzung für erfolgreiches Problemlösen ist, die wesentlichen Elemente eines Problems zu bestimmen, Wichtiges von Unwichtigem zu trennen, das Problem auf den Punkt zu bringen. Analytisches Denken ist die Stärke des »Realisten« in uns.

❖ **Synthetisches Denken**
Gemeint ist damit die Fähigkeit, bekannte Informationen neu zu kombinieren, Gegensätzliches zusammenzubringen, Altes mit Neuem zu vereinen. Synthetisches Denken hat zum Ziel, das Zusammenwirken aller wesentlichen Elemente in ihrer Einheit zu erfassen, und führt dadurch zur Bildung überprüfbarer Hypothesen und Lösungsansätze.

❖ **Kritisches Urteilsvermögen**
Schließlich zeichnet sich die schöpferische Persönlichkeit durch kritische Urteilsfähigkeit aus. Ideen und Entwürfe müssen auf ihren Gehalt, ihre Stimmigkeit und Durchführbarkeit hin überprüft werden. Alle Aspekte der Problemlösung müssen noch einmal kritisch bewertet, Fehler und Schwachstellen systematisch gesucht und eliminiert werden, bevor man sich an die Umsetzung macht. Dies ist die Aufgabe des »Kritikers«.

❖ **Jeder Mensch ist kreativ**
Kreativität, so sagt Guilford, ist keine gesonderte Eigenschaft, sondern ein Eigenschaftsbündel, eine Abfolge von geistigen Prozessen, die jede für sich trainiert werden kann. Jeder Mensch ist kreativ, denn jeder hat in seinem Leben schon Probleme gelöst.

Der Erfinder des »Morphologischen Kastens«, Fritz Zwicky, sagte einmal: »Jeder Mensch ist ein Genie – unersetzlich, einzigartig und unvergleichlich!« Wir alle haben kreative Fähigkeiten und kreative »Teilpersönlichkeiten« in uns, erleben jedoch oft, wie die damit verbundenen Strategien (Träumer, Realist, Kritiker) miteinander in Konflikt geraten und unsere Kreativität blockieren.

2.3 Denkblockaden überwinden

Vor lauter Bäumen den Wald nicht sehen

Wissen und Vorerfahrung sind wesentliche Voraussetzungen für erfolgreiches Problemlösen. Doch manchmal stehen Wissen und Erfahrung buchstäblich im Wege, wenn es darum geht, ein komplexes Problem zu lösen.

In einem Experiment, das an der Universität München durchgeführt wurde, wurden Studenten der Psychologie und der Pädagogik mit Studierenden der Wirtschaftswissenschaften hinsichtlich der Fähigkeit, eine computersimulierte Fabrik zu leiten, verglichen. Das verblüffende Ergebnis der Studie: Nicht die mit dem Vorsprung des Fachwissens begünstigten Wirtschaftsstudenten lagen vorne, sondern die in ökonomischen Dingen unbedarften »Psychos« und »Pädos« brachten die Firma in Schwung. Nicht etwa, weil diese intelligenter oder kreativer waren. Nach Ansicht des Versuchsleiters lag der Grund für das schlechte Abschneiden der angehenden Ökonomen schlicht und einfach in der großen Anzahl von Informationen, die sie in ihre Überlegungen mit einzubeziehen versuchten. In gewisser Weise behinderte sie ihr umfangreiches Wissen bei der Entscheidungsfindung. Den Psychologie- und Pädagogikstudenten kam ihre »Naivität« auf dem fachfremden Terrain zugute; sie arbeiteten mit realtiv simplen Annahmen, die sie schnell zu einer Entscheidung führten. Auch wenn diese Annahmen nicht immer stimmten, lief ihr »Laden« dennoch besser, während die »Wirtschaftler« den ihren heruntergewirtschaftet hatten.

Fachwissen und Expertentum reichen nicht aus, komplexe Aufgaben zu bewältigen. Das Lösen von Problemen erfordert ein systematisches Vorgehen, das damit beginnt, daß man sich der Sache zunächst einmal vorurteilslos nähert und sie eingehend analysiert. Schlüpfen Sie bei einem Problem zuerst in die Rolle des »naiven« Betrachters. Verschaffen Sie sich einen Überblick, bevor sie über mögliche Lösungen nachdenken. Beziehen sie auch das Urteil von Nichtfachleuten in Ihre Überlegungen mit ein.

Sich auf das Problem fixieren

Eine der häufigsten Denkblockaden ensteht dadurch, daß man sich auf das Problem zu sehr fixiert. Wird ein Problem wahrgenommen, erzeugt dies eine geistige Spannung, Suchverhalten wird ausgelöst und damit die Motivation, das Problem zu lösen. Eine gewisse Suchspannung ist also die Voraussetzung dafür, daß man sich mit einem Problem näher beschäftigt. Fehlt sie ganz, ist man nicht interessiert. Ist sie sehr groß, weil die Situation äußerst komplex oder gar streßerzeugend ist, ist man überkonzentriert. Streßerzeugende Situationen entstehen meist dann, wenn bestimmte Problembereiche zu lange vernachlässigt wurden und sie einem über den Kopf zu wachsen drohen. Die Fixierung auf das Problem bzw. Ziel führt dann dazu, daß Faktoren, die für seine Lösung wichtigt sind, leicht außer acht gelassen werden. Die Wahrnehmung ist eingeschränkt. Man nimmt nur einen geringen Ausschnitt möglicher Lösungen wahr. Man springt sozusagen aus dem Fenster, anstatt nach der Feuerleiter zu suchen. Vorschnelle Entscheidungen haben oft fatale Folgen.

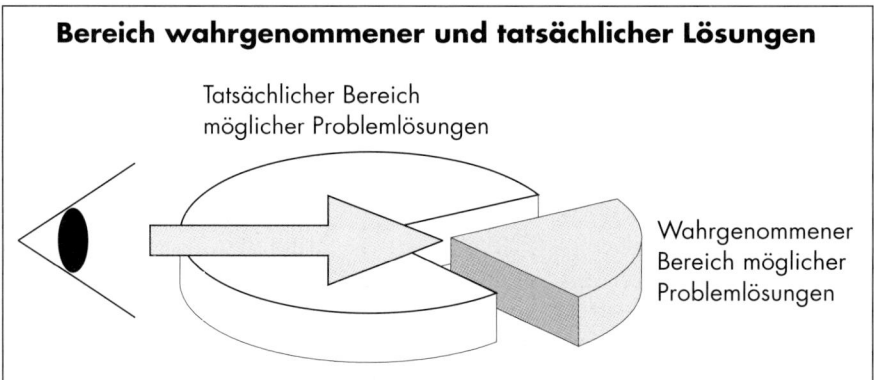

Bereich wahrgenommener und tatsächlicher Lösungen

Tatsächlicher Bereich möglicher Problemlösungen

Wahrgenommener Bereich möglicher Problemlösungen

Bevor man sich an die Lösung einer schwierigen Aufgabe macht, sollte man für Ruhe und Übersicht sorgen. Das gilt sowohl für einzelne als auch für Gruppen. Komplexe Probleme können nicht in der Hektik des Alltags – zwischen zwei Terminen – in Angriff genommen werden. Ein ausreichender Zeitrahmen, geeignete Räume, eine angenehme Atmosphäre und sogar ein gewisses »Inseldasein« sind erforderlich, um sich mit der notwendigen entspannten Konzentriertheit einem Problem zu widmen.

»Denkrillen«

Fünf Tauben sitzen auf des Nachbars Dach, da greift der wütende Hauseigentümer zu seinem Gewehr und schießt eine davon ab. Wie viele Tauben bleiben noch auf dem Dach? Wenn Ihre spontane Antwort »vier« lautet, sind Sie einer »Denkrille« aufgesessen. Als »Denkrillen« bezeichnen wir die gewohnten Bahnen des Denkens, die es verhindern, daß wir die verdeckten Seite eines Problems erkennen. Wir sehen nur die vordergründigen Aspekte und kommen demnach zu falschen Schlüssen.

Ein weiteres Beispiel kann dies verdeutlichen: Angenommen, ein Schreiner bekommt den Auftrag, den nachfolgenden Entwurf eines Würfels nachzubauen. Die obere und untere Hälfte des Würfels sollten aus zwei verschiedenen Holzarten angefertigt werden. Beide Hälften sollten durch Schwalbenschwanznuten miteinender verbunden werden. Der Würfel sieht von der Rückseite gesehen gleich aus.

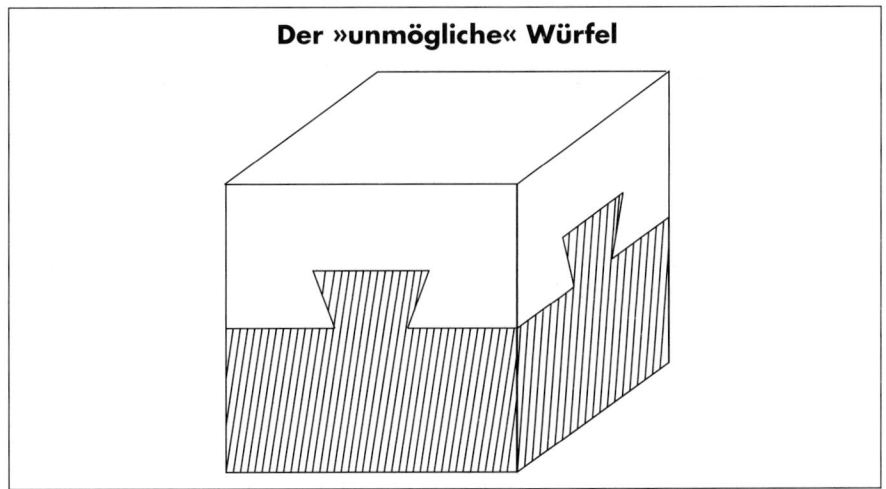

Der »unmögliche« Würfel

Nach wenigen Tagen liefert der Schreiner die fertige Arbeit ab. Wie hat er das Problem gelöst? Auf den ersten Blick scheint die Aufgabe unlösbar. Unserer Vorstellung nach verlaufen die Verbindungslinien, wie auf der linken Abbildung auf Seite 30 dargestellt, rechtwinklig. Danach wäre es unmöglich, die beiden Teile zusammenzusetzen oder, falls dies irgendwie gelungen wäre, sie wieder zu trennen. Tatsächlich verlaufen die Verbindungslinien jedoch quer (siehe rechte Abbildung). Dadurch ist es möglich, den oberen Teil des Würfels einfach über den unteren zu schieben.

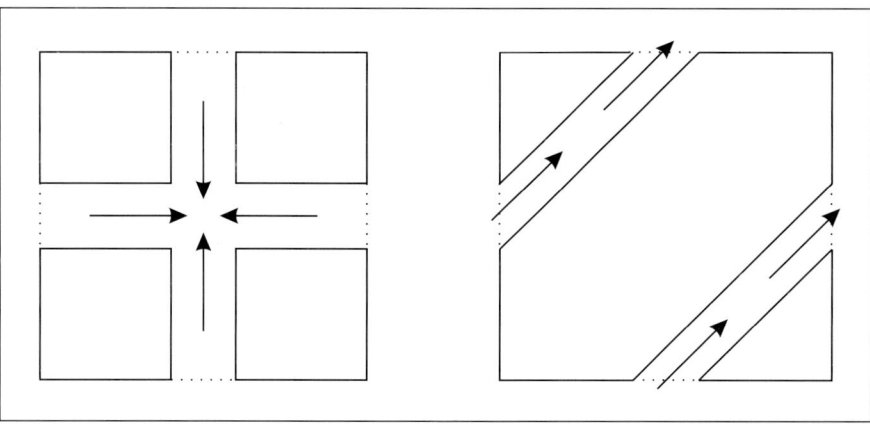

Dieses Beispiel zeigt, daß wir oftmals in unseren vertrauten Denkmustern gefangengehalten werden. Die meisten Menschen besitzen eine feste Vorstellung darüber, wie die Welt funktioniert, sie interpretieren ihre Erfahrungen im Lichte ihrer subjektiven Denkschemata. Das führt dazu, daß Neues und Ungewohntes, das mit den eigenen Vorstellungen nicht im Einklang steht, als »unsinnig« oder »unmöglich« abgestempelt wird. Wie oft werden originelle Ideen und Vorschläge unter diesem Vorwand abgetan und somit sinnvolle Lösungen verhindert. Ist einmal ein solches Denkmuster erstellt, muß der Verstand nicht länger nach neuen Informationen suchen; er folgt dem Muster dann automatisch – so wie ein Autofahrer der ihm vertrauten Straße. »Denkrillen« manifestieren sich in vielerlei Formen: in Vorurteilen, eingeschliffenen Denk- und Verhaltensmustern, überkommenen Traditionen, Ritualen und in Aussagen wie:

– »Das haben wir schon immer so gemacht!«
– »Das geht gar nicht anders!«
– »Das hab' ich gleich gewußt!«
– »Reklamierende Kunden sind nur auf ihren Vorteil aus!«
– »Mitarbeiter muß man ständig kontrollieren, damit sie Leistung bringen!« usw.

Von Paul Watzlawick stammt die folgende Geschichte: Ein Mann möchte einen Nagel in die Wand schlagen, aber es fehlt ihm dazu ein Hammer. Ihm fällt ein, daß der Nachbar einen solchen besitzt. Er beschließt, zu dem Nachbarn rüberzugehen und ihn um den Hammer zu bitten. Auf dem Weg dorthin malt er sich aus, wie der Nachbar wohl reagieren würde. Vielleicht würde er ihn sogar barsch abweisen. Dieser Gedanke läßt den Mann nicht mehr los und steigert sich bis zur Gewißheit. Wutentbrannt ob solcher Boshaftigkeit stürmt er zum Nachbarn und beschimpft ihn mit den Worten: »Nun behalten Sie schon Ihren verdammten Hammer, ich leihe ihn mir von jemand anderem aus!«

Wie man seine Umwelt wahrnimmt, so verhält man sich ihr gegenüber. Und nicht selten tritt dann genau das ein, was man erwartet. Die eigene Wahrnehmung wird dadurch bestätigt und die »Denkrille« um ein weiteres Stück vertieft. Rillendenken ist zwar bequem, führt aber dazu, daß man sich von der Wirklichkeit immer mehr entfernt. Erst wenn wir bereit sind, Vorurteile abzubauen und nach außergewöhnlichen Lösungsmöglichkeiten zu suchen, werden manche Probleme lösbar.

Verharren im Problemfeld

Versuchen Sie einmal, sechs Streichhölzer so anzuordnen, daß daraus vier gleichseitige Dreiecke entstehen, wobei jede Seite der vollen Länge eines Streichholzes entspricht.

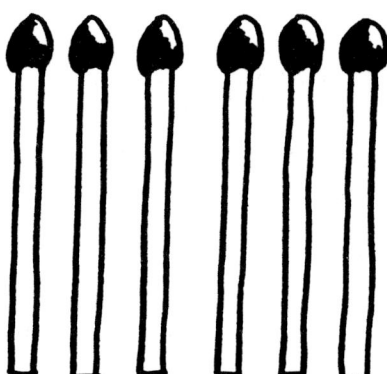

Nach mehreren Versuchen, indem man die Streichhölzer immer wieder hin- und herschiebt, glaubt man zu wissen, daß man mehr als sechs Streichhölzer braucht, um die geforderten vier Dreicke zu bilden. Die Aufgabe scheint unlösbar. Hierbei geht man gewöhnlich davon aus, daß die Dreiecke auf derselben Ebene liegen müssen. Diese stillschweigende Annahme verhindert jedoch die Lösung des Problems. Verläßt man nämlich die zweidimensionale Ebene und geht in die räumliche Dimension, ist die Aufgabe schnell gelöst.

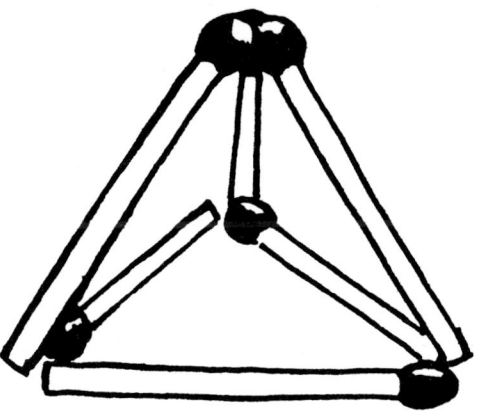

Dieses Beispiel zeigt, daß wir uns von den Begrenzungen, die uns die Wahrnehmung des Problemfeldes auferlegt, lösen müssen. Oft wird ein Problem erst lösbar, wenn man den Beobachterstandpunkt wechselt, wenn man es sozusagen von einer höheren Warte aus betrachtet.

Aus der Systemtheorie wissen wir: Ist ein technisches oder lebendiges System zur Selbstregulation nicht mehr fähig, kann nur noch ein Eingreifen von außen bzw. einer höheren Instanz helfen. So wird beispielsweise ein sich ständig streitendes (Ehe-)Paar seine Kommunikationsprobleme erst dann lösen können, wenn es durch die Hilfe eines Therapeuten in die Lage versetzt wird, sich des eigenen Kommunikationsverhaltens bewußt zu werden. In einer angeschlagenen Organisation können punktuelle Veränderungen zu noch mehr Schwierigkeiten führen, weil die eigentlichen Problemursachen auf einer höheren Ebene liegen, von woher auch die Lösungen kommen müßten.

Funktionale Gebundenheit

In einem seiner Filme spielt der Münchner Komiker Karl Valentin einen Zeugen in einem Diebstahlprozeß. Eine Ziege aus dem Anwesen der Müllerwitwe wurde gestohlen. Der Dorfrichter will den Tathergang rekonstruieren. Er legt zu diesem Zweck seine Brille auf den Tisch und sagt, zum Zeugen gewandt: »Angenommen, dies sei der Zaun, hinter dem sich die Ziege befand. Nun erzählen Sie mal, wie der Dieb darübergeklettert ist!« Da entgegnet ihm Valentin in seiner unnachahmlichen Art: »Das hier, Herr Richter, ist eine Brille und kein Gartenzaun!«

Der gewohnte Umgang mit alltäglichen Objekten macht es oft schwierig, sich neue Verwendungszwecke dafür auszudenken. Ein Hammer ist eben ein Hammer und zu nichts anderem zu gebrauchen, als Nägel einzuschlagen – denkt man. Dieses Phänomen wird als »funktionale Gebundenheit« bezeichnet. Auch hier hindern uns eingeschliffene Wahrnehmungsmuster daran, Vertrautes auf neue Situationen anzuwenden.

»Er ist zwar teuer, dafür arbeitet er aber sehr schnell«

33

Diese Art der Denkblockade hängt mit unserer Begriffsbildung zusammen. Unsere Alltagserfahrungen werden schnell zu Verallgemeinerungen. Wir bilden daraus Begriffe und Kategorien und teilen damit unsere Umwelt ein. Unser traditionelles Bildungssystem ist daran nicht ganz unschuldig. Begriffe, die in der Schule gelehrt werden, werden überwiegend durch Sprache und nicht durch eigenes Experimentieren vermittelt. Deshalb sind Kinder, die noch nicht über starre Begriffsschemata verfügen, oft kreativer als Erwachsene. Was für den Erwachsenen »nur ein Stück Holz« ist, kann für das Kind (und den Künstler) zum aufregenden Experimentiergegenstand werden. Manchmal müssen Menschen in eine Notsituation geraten, um funktionale Gebundenheit zu überwinden. Schaut man sich in der Natur, Technik oder bei Verfahrensweisen um, so findet man für viele Probleme eine Reihe analoger Lösungen. Die kreative Leistung besteht dann darin, das vorhandene Modell auf den konkreten Fall zu übertragen.

✎ **Übung**

Denken Sie sich neue Verwendungszwecke für folgende Gegenstände aus:

Hammer:

_____

Wäscheklammer:

_____

Alte Kugelschreiberminen:

_____

Weinkorken:

_____

Die »Schere im Kopf«

Manchmal hindert uns die »innere Zensur« daran, zu originellen Lösungen für ein Problem zu kommen. Wir sind darauf »dressiert«, möglichst zweckgerichtet zu denken, und lassen Gedanken, die einen unmittelbaren Zweck nicht erkennen lassen, erst gar nicht zu. Die Gründe dafür liegen oft in der Angst, sich vor anderen lächerlich zu machen oder Fehler zu begehen. Damit berauben wir uns aber eines großen kreativen Potentials.

Von William Lear, dem Erfinder des Jet-Antriebs, wird berichtet, daß er mitunter bewußt Dinge schuf, die nicht funktionieren konnten. Ein Beispiel war sein Dampfauto. Warum tat er das? Lear war der Überzeugung, daß der Preis für Innovation die Bereitschaft zu Fehlschlägen sei. Wer sich selbst oder anderen nicht erlaubt, Fehler zu machen, wird kaum auf überdurchschnittliche Leistungen hoffen können. Wie Lear produzieren viele Künstler scheinbar Nutzloses. Auch wird für den Betrachter von Kunst zwar kein reales Problem gelöst, aber er beginnt die Dinge mit anderen Augen zu sehen und kommt vielleicht über Umwege auf die Lösung eines Problems.

✎ Übung

Versuchen Sie einmal, sich von einem Problem, das Sie gerade beschäftigt, bewußt zu lösen und »unmögliche« Lösungen dafür zu entwickeln. Fragen Sie sich z.B., was Sie alles tun müssen, damit das Problem *nicht* gelöst wird!

_____

_____

_____

_____

_____

Was blockiert meine Kreativität am meisten?

☐ Einseitig logisches und zweckgerichtetes Denken?

☐ Die vorschnelle Bewertung von Problemursachen und -faktoren?

☐ Die Angst vor Fehlern und sozialen Konsequenzen?

☐ Der Mangel an Zeit, die man dafür braucht, das Problem zu definieren und zu analysieren?

☐ Der Mangel an Systematik?

Fragen Sie sich: »Was kann ich dagegen tun?«

_____

_____

_____

_____

_____

2.4 Kreative Denkprinzipien

Die Wahl der Problemlösungsstrategie

Erfahrungsgemäß hängt die Wahl der Problemlösungsstrategie wesentlich davon ab, ob es sich um ein gut oder schlecht strukturiertes Problem handelt, und davon, ob zu der Aufgabenstellung ein gewisses Vorwissen vorhanden ist oder nicht. Wer einmal einen kundigen Handwerker beim Lösen eines Fachproblems beobachtet hat, kann ermessen, in welchem Maß hier Wissen und Vorerfahrung eine Rolle spielen. Man spricht nicht umsonst vom »gewußt wie« und meint damit das Geschick des Experten bei der Bewältigung einer schwierigen Aufgabe.

Fehlt das notwendige Vorwissen, so neigen Personen allenfalls zur Versuch-und-Irrtum-Strategie oder zum bloßen Raten. Zwar sind Wissen und Konzepte wichtige Voraussetzungen, um Probleme zu lösen, bei komplexen Entscheidungssituationen reicht das vorhandene Wissen jedoch nicht aus. Es muß nach weiteren Informationen gesucht, es müssen neue Lösungsansätze entwickelt werden, für die es kein Modell gibt.

Die Wahl der Problemlösungstrategie hängt auch davon ab, um welche Problemart es sich handelt.

❖ **Ist es ein Analyseproblem?**
Es gibt Fälle, in denen das Problem gelöst ist, wenn man weiß, worum es geht. Die Frage lautet: Worin besteht eigentlich das Problem? Geht zum Beispiel in einem Sportverein die Zahl der Mitglieder drastisch zurück, muß gefragt werden: Woran liegt das? Angenommen, Nachforschungen ergeben, daß viele Jugendliche aus dem Verein ausgetreten sind, weil der Fußballtrainer einen autoritäten Führungsstil an den Tag legt. Die Lösung bestünde darin, dem Trainer einen anderen Führungsstil nahezulegen oder ihn durch einen anderen Trainer zu ersetzen.

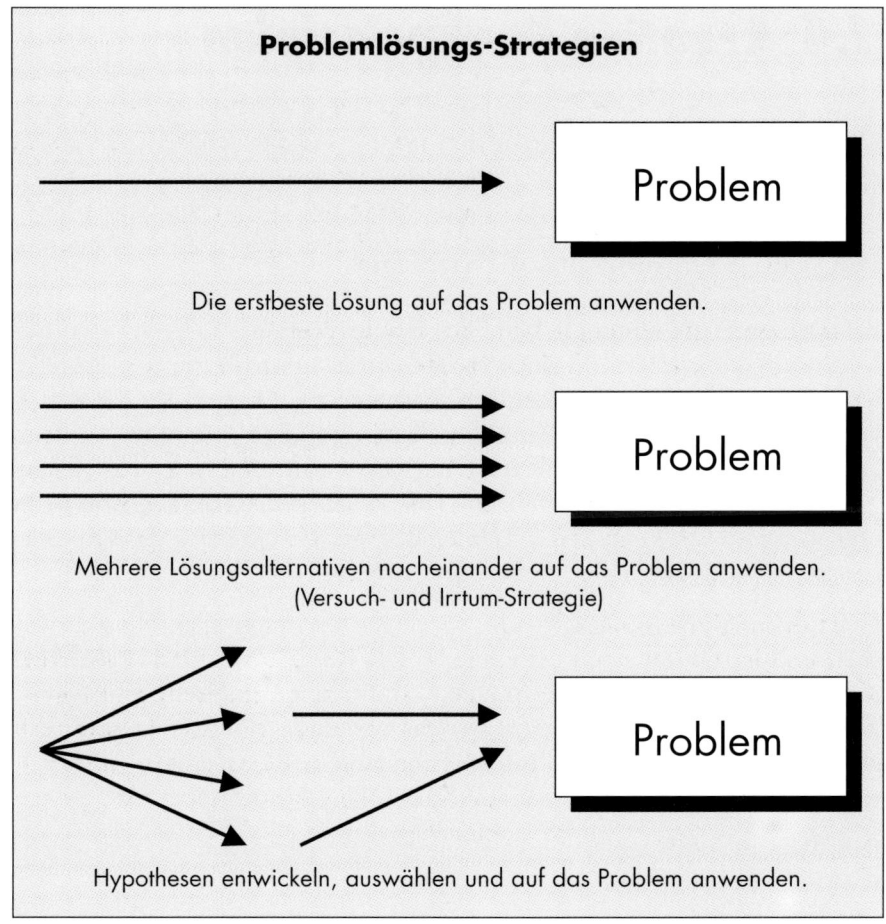

Problemlösungs-Strategien

Die erstbeste Lösung auf das Problem anwenden.

Mehrere Lösungsalternativen nacheinander auf das Problem anwenden.
(Versuch- und Irrtum-Strategie)

Hypothesen entwickeln, auswählen und auf das Problem anwenden.

❖ **Ist es ein Suchproblem?**
Führen eine Analyse und erste Vermutungen nicht gleich zu einer be-
friedigenden Antwort, muß nach weiteren Ursachen geforscht werden.
Die Frage lautet dann: Wo müssen wir suchen? Welche Informationen
brauchen wir, um das Problem zu lösen? Hat der Mitgliederschwund
nichts mit dem Verhalten des Trainers zu tun, könnte eine Umfrage
über das Freizeitverhalten der ortsansässigen Jugend mehr Aufschluß
über die möglichen Ursachen geben.

❖ **Ist es ein Innovationsproblem?**
Müssen für Probleme neue, bisher nicht existierende Lösungen gefunden werden, handelt es sich um ein Innovationsproblem. Die Frage ist: Was wollen wir erreichen? Ist das Ergebnis der Umfrage, daß die Jugendlichen im Ort attraktivere Freizeit- und Sportangebote missen, geht es darum, alternative Angebote zu machen. Jetzt sind Kreativitätstechniken gefragt. Man könnte daran denken, neben Fußball und Leichtathletik auch Tennis, Jazztanz und Skigymnastik ins Programm mit aufzunehmen.

❖ **Ist es ein Entscheidungs- bzw. Auswahlproblem?**
Hier geht es darum, aus einer Anzahl von Lösungsalternativen die richtigen auszuwählen. Jede Problemlösung hat ihr Für und Wider. Faktoren wie Kosten, Personal, der organisatorische Aufwand usw. müssen in Erwägung gezogen werden. Die Frage lautet: Was ist machbar, was ist sinnvoll, um unser Ziel zu erreichen? Vielleicht ist es für den Sportverein zu kostspielig, einen Tennisplatz zu errichten, wogegen Skigymnastik und Jazztanz in der Vereinsturnhalle kein Problem wäre.

❖ **Ist es ein Umsetzungsproblem?**
Gute Ideen scheitern nicht selten an der Umsetzung. Umsetzungsprobleme sind im weitesten Sinne Planungs- und Organisationsprobleme. Die Frage ist: Wie müssen wir vorgehen? Sind alle Fakten zusammengetragen und hat man sich im Vorstand auf eine Lösung geeinigt, müssen Termine vereinbart, Kampagnen und Informationsveranstaltungen organisiert werden und dergleichen mehr.

Divergentes und konvergentes Denken

Die meisten Probleme, mit denen wir es im (Arbeits-)Alltag zu tun haben, sind komplex und lassen sich weder ausschließlich logisch-analytisch noch rein intuitiv lösen. Deshalb muß der Problemlösungsprozeß so angelegt sein, daß nach einer Phase der kreativen Ideenfindung eine analytische Phase folgt, in der die Ideen geordnet und ausgewählt werden. In der Sprache der Denkpsychologie ist der eine Vorgang divergent (Ideen und Hypothesen bilden) und der andere konvergent (Ideen auswählen und

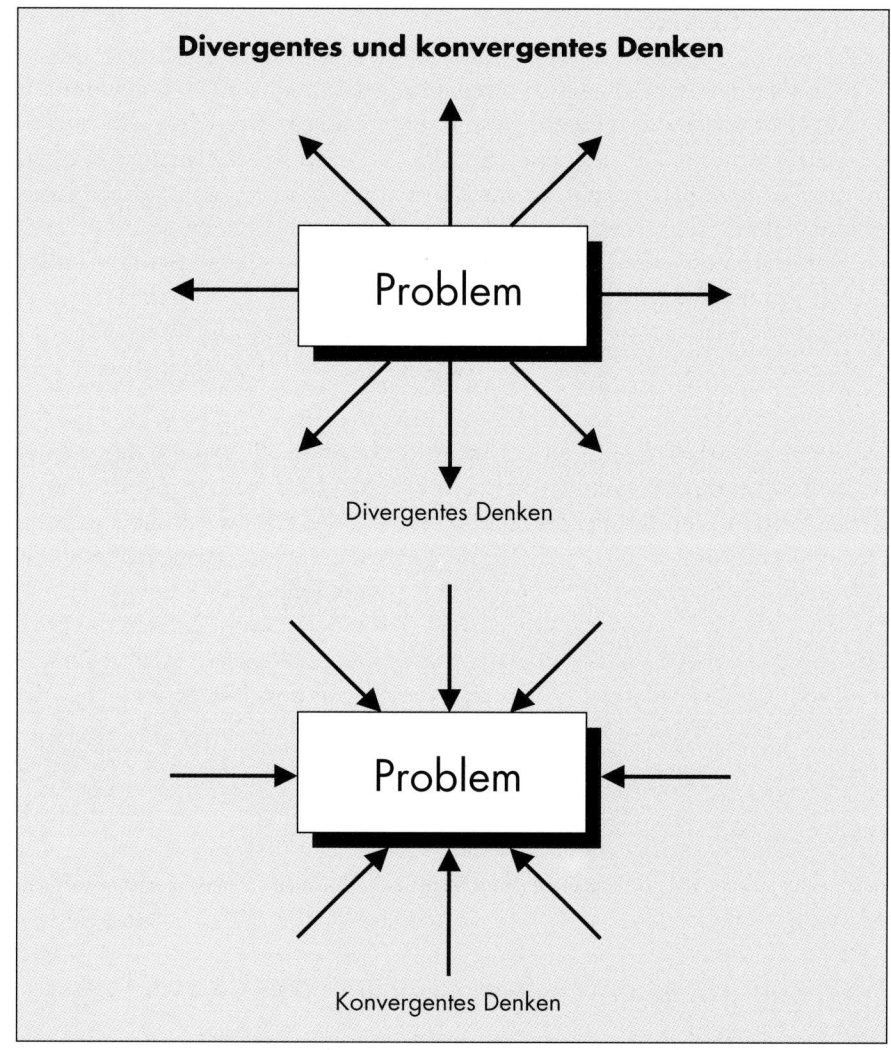

Divergentes und konvergentes Denken

Problem

Divergentes Denken

Problem

Konvergentes Denken

bewerten). Stellt ein Arzt eine Diagnose über eine Krankheit, so bildet er zunächst eine Anzahl wahrscheinlicher Hypothesen, überprüft sie und wendet die »beste« in der Therapie an. Ähnlich verfährt ein Kfz-Mechaniker beim Auffinden eines Motorschadens.

Laterales Denken

Die Analyse der Denkblockaden hat uns gezeigt, daß wir von gewohnten Sichtweisen Abstand nehmen müssen, um zu einer veränderten Wahrnehmung zu kommen. Problemlösen heißt buchstäblich sich vom Problem lösen. Für diese Denkmethode hat Edward de Bono den Begriff des »lateralen Denkens« geprägt. Er definiert sie als »das Überwechseln von einem Denkmuster zu einem anderen innerhalb eines Mustersystems« (1990, S. 78). Bei ihr spielt die Bereitschaft, die Dinge aus verschiedenen Blickwinkeln zu betrachten, eine wichtige Rolle. Laterales Denken ist eine Methode, um eine Veränderung der Wahrnehmungs- und Denkrichtung bewußt herbeizuführen.

Ein Beispiel für laterales Denken ist für de Bono die Erfindung des steuerbaren Flugzeuges der Gebrüder Wright. Noch im ausgehenden 19. Jahrhundert galt unter den führenden Fachleuten der Bau eines solchen Fluggeräts als »unmöglich«. De Bono (1989, S. 160) schreibt über die Erfindung der Gebrüder Wright: »Alle, die sich vor den Wrights mit der Planung von Flugapparaten befaßten, bauten zunächst kleine Modelle und ließen sie fliegen. Da diese Modelle von allein fliegen mußten, mußten sie entsprechend stabil sein. So war die Planung auf stabile Fluggeräte ausgerichtet. Jeder kleine Erfolg bedeutete einen Fortschritt in dieser Richtung. Da kamen die Gebrüder Wright und änderten das Planungskonzept. Sie beschlossen, instabile Flugzeuge zu bauen. Das gab ihrem Denken eine neue Richtung.«

Die Gebrüder Wright entwickelten einen Flügel mit beweglichen Teilen, mit einem Höhenruder und eine Steuerung dafür. Damit waren sie die ersten, die einen gesteuerten Flug vollführen konnten. Sie taten somit nichts anders, als ein gültiges Denkmuster ihrer Zeit zu durchbrechen.

Ein anderes Beispiel für einen solchen »Musterwechsel«, das heißt die Art und Weise, wie man ein Problem betrachtet, ist die Arbeit Albert Einsteins. Im mechanistischen Weltbild seiner Zeit waren Raum und Zeit unveränderliche, konstante Größen. Einstein ging in seinen Überlegungen zu diesem Problem von zwei simplen Fragestellungen aus:

1. Was würde geschehen, wenn ich hinter einem Lichtstrahl hereilen und ihn einholen würde?

2. Wie würden sich die physikalischen Vorgänge in einem frei fallenden Aufzug verhalten?

Diese ungewöhnlichen Fragen führten einige Jahre später zu einer ebenso ungewöhnlichen Entdeckung: zur Relativitätstheorie. In ihr erbrachte Einstein den Beweis, daß jedes bewegte System seine »Eigenzeit« hat und daß das Erleben von Raum und Zeit auf den Beobachterstandpunkt ankommt, also relativ ist.

Was bedeutet laterales Denken nun konkret? Es bedeutet:

– Fragen stellen und immer wieder In-Frage-Stellen des Althergebrachten und als gesichert Geltenden.
– Das Problem genau analysieren und es auf den Punkt bringen.
– Analogien zu dem Problem bilden (»Wie würden sich die physikalischen Vorgänge in einem frei fallenden Aufzug verhalten?«).
– Sich mit dem Problem identifizieren (»... wenn ich hinter einem Lichtstrahl hereilen und ihn einholen würde?«).
– Widersprüche suchen, gegebenenfalls provozieren.
– Phantasiearbeit und nicht zuletzt: Humor.

Links- und rechtshemisphärisches Denken

Jeder Mensch bringt angeborenermaßen die Voraussetzungen für kreatives Denken mit. Anatomisch gesehen ist das menschliche Gehirn zweigeteilt, in eine rechte und eine linke Hemisphäre. Beide Hemisphären sind über den sogenannten Hirnbalken miteinander verbunden. Untersuchungen haben ergeben, daß die linke Gehirnhälfte für Abstraktion und Analyse, die rechte für ganzheitlich kreative Denkprozesse zuständig ist. Wenn es darum geht, Einzelheiten zu erkennen, wie zum Beispiel die einzelnen Steine eines Mosaiks, ist die linke Hälfte am Werk. Geht es aber darum, das ganze Mosaikbild aufzunehmen, ist die rechte Hälfte stärker.

Im Experiment konnte man sogar nachweisen, daß sich eine Hälfte »ausruht«, wenn die andere aktiviert ist. Ist eine Person beispielsweise dabei, eine schwierige mathematische Aufgabe zu lösen, ist ihre linke Hälfte aktiver. Denkt die Person kontemplativ, also bildhaft, über ein Problem nach, ist ihre rechte Gehirnhälfte aktiver als die linke. Problemlösen umfaßt beide Grundfertigkeiten des Gehirns, und zwar im Wechsel. Tatsächlich wird jede Information von beiden Hälften gleichzeitig bearbeitet, dadurch empfinden wir das Zusammenspiel der unterschiedlichen Denkweisen der linken und rechten Hemisphäre nicht als getrennte Prozesse. Übrigens hat sich gezeigt, daß der nervliche Informationsaustausch zwischen den beiden Hirnhälften im entspannten Zustand am besten funktioniert. Die Person verfügt dann über ihr maximales kreatives Potential.

Viele Menschen denken aufgrund ihrer Erziehung und Ausbildung jedoch einseitig abstrakt und analytisch, man könnte sie auch als »Linkshirnis« bezeichnen. Sie nutzen zuwenig ihre rechte, »kreative Hälfte«. Dasselbe kann man von vielen Organisationen behaupten. Doch lassen sich Denkgewohnheiten durch Trainings verändern. Man kann lernen, Probleme auf ungewöhnliche Art zu bearbeiten, zum Beispiel durch laterales Denken. (Siehe auch Kapitel 4.2 »Ideen finden« auf S. 84 ff.)

Probleme müssen inkubiert werden

Zwei Grundübel machen den Nutzen von Entscheidungen immer wieder fragwürdig: Das eine ist, daß man das Problem nicht hinreichend analysiert, das andere, daß man unreife Entscheidungen sofort in die Praxis umsetzt. Das kann für ein Unternehmen zur teuren Sache werden. Probleme müssen erst einmal verdaut – sie müssen inkubiert werden. Inkubation bedeutet in der Medizin die Frist zwischen der Übertragung einer Infektionskrankheit und deren Ausbruch. Ähnliches geschieht beim Problemlösen: Erst »infiziert« man sich mit dem Problem, dann, nach Phasen intensiver Beschäftigung, tauchen urplötzlich originelle Lösungen auf. Der Grund: Das Unbewußte arbeitet an dem Problem weiter. Dies führt nicht selten zu einer Neu- bzw. Umstrukturierung des Wahrnehmungsfeldes und zu spontanen Aha-Erlebnissen. Diese können sogar in Träumen auftauchen. So wird von dem Chemiker Kekulé gesagt, daß er den Benzolring im Traum entdeckte. François Champollion, der im vergangenen Jahrhundert als erster die Hieroglyphenschrift entzifferte, soll ebenfalls im Traum auf die entscheidende Lösung gekommen sein.

Derartige Schilderungen spontaner Einfälle und spektakulärer Traumerlebnisse dürfen aber nicht darüber hinwegtäuschen, daß Inkubation nur funktioniert, wenn ihr harte Denkarbeit, beharrliches Experimentieren und Analysieren vorausgegangen ist.

So lösen Sie Probleme

❖ Stellen Sie die »richtigen« Fragen.

❖ Wechseln Sie öfter den Blickwinkel.

❖ Schreiben Sie alle Ideen auf, und sammeln Sie sie.

❖ Inkubieren Sie Ihre Ideen.

❖ Prüfen Sie Ihre Lösungen kritisch, bevor Sie sie in die Praxis umsetzen.

❖ Achten Sie darauf, daß Ihre Lösungsvorschläge reversibel sind, das heißt, sie dürfen nicht so formuliert werden, daß sie keine Alternativen mehr zulassen.

In diesem Kapitel haben wir uns mit der Kreativität des einzelnen beschäftigt. Im folgenden Kapitel geht es um die Kreativität der Gruppe und um die Frage, für welche Problembereiche die Gruppe dem einzelnen überlegen ist und was man beachten muß, um Gruppenarbeit effektiv zu gestalten.

Kreatives Arbeiten in der Gruppe

3.1 Für welchen Problembereich eignet sich Gruppenarbeit?

> *»Der junge Alexander eroberte Indien. Er allein? Cäsar schlug die Gallier. Hatte er nicht wenigstens einen Koch bei sich?«*
> Bertolt Brecht

Spitzenleistungen in Politik, Wissenschaft und Wirtschaft sind meist das Ergebnis intensiver und harter Teamarbeit. Um das kreative Potential der Mitarbeiterinnen und Mitarbeiter mehr als bisher zu nutzen, muß man wissen, für welche Problembereiche Gruppenarbeit von Vorteil ist und für welche nicht, denn: Nicht jedes Problem läßt sich in der Gruppe besser lösen.

Eine Maschine muß repariert, eine neue Computersoftware installiert, Statistiken müssen erstellt, Recherchearbeiten durchgeführt werden. Untersuchungen haben ergeben: Handelt es sich um gut strukturierte Aufgaben, um Fachprobleme und um Routinearbeiten, sind allein das Wissen und die Fertigkeiten von Spezialisten gefragt, die Gruppe kann dazu wenig beitragen. Es gibt immer noch Einzelleistungen im künstlerischen, wissenschaftlichen und technischen Bereich, beispielsweise beim Design, bei Neuentwicklungen oder Erfindungen, die von keinem noch so guten Team übertroffen werden. Sicherlich ist das auch bei vielen Managemententscheidungen so, diese können nur von Einzelpersonen getroffen werden. In manchen Situationen muß sehr schnell entschieden werden, da bleibt keine Zeit für lange Gruppendiskussionen. Für diese Problembereiche gilt das Motto »Viele Köche verderben den Brei«.

In einem Verein soll über ein neues Konzept zur Mitgliederwerbung beraten, in einem Unternehmen soll aufgrund steigender Kundenreklamationen und Differenzen zwischen dem Innen- und Außendienst ein neues Verkaufs- und Vertriebskonzept entwickelt werden. Die Gruppe schneidet immer dann besser als ein einzelner ab, wenn
- es um die Arbeitswelt und unmittelbaren Belange des Teams geht,
- das Wissen und die Erfahrungen der Einzelmitglieder zur Qualität der Entscheidung beitragen,
- die Entscheidung einen größeren Personenkreis betrifft und wenn die von der Entscheidung Betroffenen ein Mitspracherecht haben sollen.

Kurzum: wenn es um die Lösung schlecht strukturierter Probleme aus dem eigenen Aufgabenbereich geht, für die sowohl Wissen und Erfahrung als auch Kreativität erforderlich sind. Das sind Probleme aus Bereichen wie:

- ❖ Arbeits- und Organisationsabläufe.
- ❖ Sicherheit am Arbeitsplatz.
- ❖ Produktionsabläufe.
- ❖ Verbesserung von Produkten und Dienstleistungen.
- ❖ Verkaufsfördernde Maßnahmen.
- ❖ Fragen der Qualitätssicherung.
- ❖ Fragen der Kooperation und Kommunikation zwischen Arbeitsgruppen und Abteilungen – und dergleichen mehr.

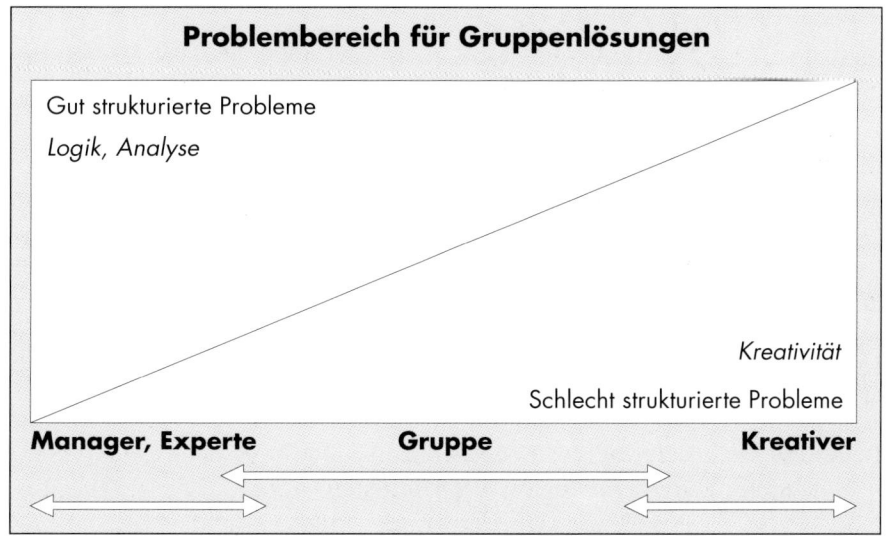

Problembereich für Gruppenlösungen

Gut strukturierte Probleme

Logik, Analyse

Kreativität

Schlecht strukturierte Probleme

Manager, Experte   **Gruppe**   **Kreativer**

3.2 Was sind die Vorteile der Gruppenarbeit?

Bei der Lösung komplexer Arbeitsprobleme ist eine einigermaßen gut funktionierende Gruppe meist immer noch besser als der beste Einzelentscheider.

In früheren Zeiten glaubte man, daß gerade das Management für die Lösung dieser Probleme zuständig sei, und man überließ nur die einigermaßen klar strukturierten (Routine-)Aufgaben dem Mitarbeiterteam. Heute dagegen beginnt man, das kreative Potential der Mitarbeiter höher einzuschätzen. Was sind die Gründe dafür? Was macht eine Gruppe schlagkräftig und kreativ, um die Probleme des eigenen Arbeitsumfeldes zu lösen?

❖ **Synergieeffekte**
Die Gruppe kann mehr Informationen verarbeiten als der einzelne und ist somit in der Lage, komplexere Probleme zu lösen. Es ist die Fülle von unterschiedlichen Denkstilen, Sichtweisen, Wissens- und Erfahrungshintergründen, die in die Problemlösung eingebracht wird. Verschiedenartigkeit macht bekanntlich kreativ und synergetisch. Das Wort Synergie bedeutet, daß die Gesamtheit, z.B. die eines Organismus, mehr ist als ihre Einzelteile. In diesem Sinne stellt die Gruppe eine Art »Superhirn« dar, indem sie die Einzelmeinungen zu einer höheren Ganzheit transformiert. Die Synergieeffekte in einer gut eingespielten Gruppe verhindern zudem, daß man sich auf eine Lösung versteift. Das Risiko von Fehlentscheidungen einzelner wird dadurch erheblich vermindert.

❖ **Lerneffekte**
Gruppenarbeit kann wichtige Impulse sowohl für die Entwicklung des einzelnen als auch für die Gesamtorganisation geben. Durch die Zusammensetzung der Gruppe (Vertreter verschiedener Hierarchieebenen, Fachrichtungen und Abteilungen) werden Vorurteile abgebaut, es entwickelt sich ein fächer- und hierarchienübergreifendes, reiferes Problemverständnis. Schließlich lernt die Gruppe, mit verschiedenen Methoden und Techniken umzugehen, und wird dadurch zum »Experten« für Problemlösungen.

❖ **Motivation und Identifikation**
Die Mitglieder von Problemlösungszirkeln erleben ihre Tätigkeit als eine kreative, mit Aussicht auf sinnvolle Veränderungen. Sie sind deshalb motivierter und identifizieren sich mit den Zielen des Unternehmens mehr als »Einzelkämpfer«. Sie sind bei ihrer Arbeit engagierter, achten mehr als bisher auf gute Leistungen, aber auch darauf, daß die zwischenmenschlichen Voraussetzungen in ihren Arbeitsbereichen dafür stimmen.

❖ **Qualität und Akzeptanz der Entscheidungen**
Zielsetzungen, die von außen kommen, stoßen häufig auf innere Abwehr und Widerstände: »Schon wieder etwas Neues!« »Wer weiß, wozu das gut sein soll!« »Die da oben machen ja doch, was sie wollen!« Oft werden durchaus sinnvolle Neuerungen auf diese Weise kommentiert. Sind die Mitglieder einer Organisation aber an den sie betreffenden Entscheidungen aktiv beteiligt, ist die Akzeptanz größer, als wenn diese von »oben« verordnet werden. Jeder trägt sie mit und ist an ihrer Umsetzung interessiert. Die Vorteile für das Unternehmen liegen auf der Hand: Indem die Schwachstellen und Problemherde in einer Organisation systematisch aufgedeckt werden, kann Konflikten vorgebeugt, es kann kostengünstiger und auf einem qualitativ hochstehenden Niveau produziert werden. Das Unternehmen kann flexibler auf Marktveränderungen reagieren und wird dadurch wettbewerbsfähiger. Gruppenarbeit kann somit Vorreiterfunktion für eine fortschrittliche Unternehmenskultur haben.

3.3 Was erschwert die Gruppenarbeit?

Auch wenn Gruppen- und Teamarbeit immer mehr »in Mode kommt«, muß man sich darüber im klaren sein: Gruppenarbeit muß sorgfältig vorbereitet und organisiert werden. Vor voreiliger Euphorie sei also gewarnt. Zufällig zusammengewürfelte Gruppen (»Suchen Sie sich ein paar Leute, und kümmern Sie sich um das Problem!«) lösen meist keine Probleme, sondern schaffen neue. Gruppenarbeit kann auch kein Allheilmittel für begangene Managementfehler sein. Gruppen sind nicht frei von Denk- und Kreativitätsblockaden, wenn sie falsch zusammengesetzt sind oder wenn sie falsch geführt werden. Schließlich sollte man daran denken, daß jede Form der Zusammenarbeit – zumindest am Anfang – gewisse Schwierigkeiten mit sich bringt. Jeder Entscheidungsprozeß, an dem mehrere Personen mit unterschiedlichen Meinungen und Interessen beteiligt sind, führt zwangsläufig zu Konflikten. Um zu wissen, wie man Konflikten vorbeugen und Gruppenarbeit effektiv gestalten kann, sollte man sich der folgenden »Gefahrenzonen« und »Stolpersteine« bewußt werden:

❖ **Hierarchie- und Konkurrenzdenken**
   Starkes Konkurrenz- und Abteilungsdenken führt häufig zu gegenseitigen Schuldzuweisungen (»Das Management ... die Abteilung XY ... ist schuld!«), so daß die eigentlichen Problemursachen nicht erkannt werden. Gibt es unter den Gruppenmitgliedern Fraktionsbildungen, bedingt durch gleiche oder ähnlich gelagerte Interessen, kommt es leicht zu Machtspielen. Die Kreativität wird zum Vorteil der eigenen Gruppe, nicht aber zum Wohle des Ganzen eingesetzt. Geht von Experten und Statusinhabern ein Meinungsdruck in Richtung der übrigen Gruppenmitglieder aus, werden die Ideen von Höhergestellten als besser angesehen und schneller akzeptiert, dann besteht die Gefahr, daß die übrigen in ihrer Kreativität blockiert werden. Das Statusdenken und die Arroganz einzelner oder ganzer Abteilungen führen oft dazu, daß gute Ideen, die von außen oder von in der Hierarchie weiter

unten stehenden Mitarbeiterinnen und Mitarbeitern kommen, einfach ignoriert werden. Zwar ist in letzter Zeit viel die Rede von offenen, demokratischen Unternehmens- und Führungsstrukturen, aber es sind immer noch dieselben Menschen, die in den Betrieben arbeiten, mit all ihren kleinen und großen Eitelkeiten und Eifersüchteleien. So schätzt man heute noch das Verhältnis von statusorientierten Ergebnissen zu reinen sachorientierten Problemlösungen auf etwa 80 : 20 Prozent.

❖ **Fehlende Risikobereitschaft**
Jede Gruppe hat wohl mit Anlaufschwierigkeiten zu rechnen. Die Angst vor Risiko und Chaos, die Angst, sich vor anderen lächerlich zu machen – vor allem, wenn Vorgesetzte dabei sind –, kann zu Beginn den kreativen Prozeß hemmen. Wer für Fehlschläge negative Konsequenzen zu erwarten hat, wird keine Risiken eingehen.

❖ **»Killerphrasen«**
Negative Gefühle wie Angst und Streß, die ungewohnte Gruppenarbeit, die Tendenz, Meinungen und Ideen vorschnell zu bewerten und zuerst die Mängel eines Vorschlages zu sehen, all dies äußert sich häufig in sogenannten »Killerphrasen«: »Das haben wir schon öfter versucht!« – »Das ist nicht machbar!« – »Das ist viel zu teuer!« – »Das funktioniert nie!« Solche »Kommunikationskiller« sind auch immer zugleich »Ideenkiller«, denn sie verhindern, daß man sich der Sache vorurteilsfrei zuwendet, bevor man ein Urteil fällt.

❖ **Mangelnde Sachbezogenheit**
Rigide Einstellungen gegenüber Veränderungen, übergroße Skepsis gegenüber dem Nutzen von Kreativmethoden (»Ich bin Fachmann und kein kreativer Spinner!«), Selbstdarstellung und Fixierung auf Einzelleistungen vergiften die Gruppenatmosphäre und blockieren den kreativen Prozeß. Mangelnde Offenheit und Sachbezogenheit führen bei den Teilnehmenden immer wieder zu Diskussionen über die Frage »Wer hat recht?« anstatt »Welche Idee ist richtig?«. Die Diskussionen drehen sich im Kreise und dienen nur dem Ziel, den eigenen Standpunkt zu rechtfertigen.

❖ **Mängel in der Organisation**
Schlecht organisierte Gruppensitzungen, Mangel an Abwechslung oder Entspannung führen bei den Teilnehmenden zu Frustrationen

und Zweifel am Sinn der Gruppenarbeit. Nach zu langen Arbeitsphasen treten »Burnout«-Erscheinungen auf. Schuld daran können auch ungünstige Tagungszeiten und ungeeignete Räume sein. Wird die Gruppe jedesmal neu zusammengesetzt, fehlt ihr der notwendige Zusammenhalt. Außerdem verfügen nicht alle über die gleichen Informationen. Die Gruppenmitglieder können sich mit der Aufgabenstellung nicht identifizieren. Zu Schwierigkeiten kann es für einen Betrieb kommen, wenn über den Sinn und Zweck von Problemlösungsgruppen nicht ausreichend informiert wird. Dann kann es passieren, daß sich andere dadurch bedroht fühlen und die Gruppe daher mit Mißtrauen betrachten.

❖ **Gruppenlösungen sind zeitaufwendiger**
Man darf auch nicht vergessen: Teamarbeit kann sehr zeitaufwendig und am Anfang teurer sein als eine Einzelentscheidung. Jedoch haben wissenschaftliche Untersuchungen gezeigt, daß ein größerer Kreis von Entscheidungeträgern bessere und profitablere Lösungen hervorbringt als ein einzelner.

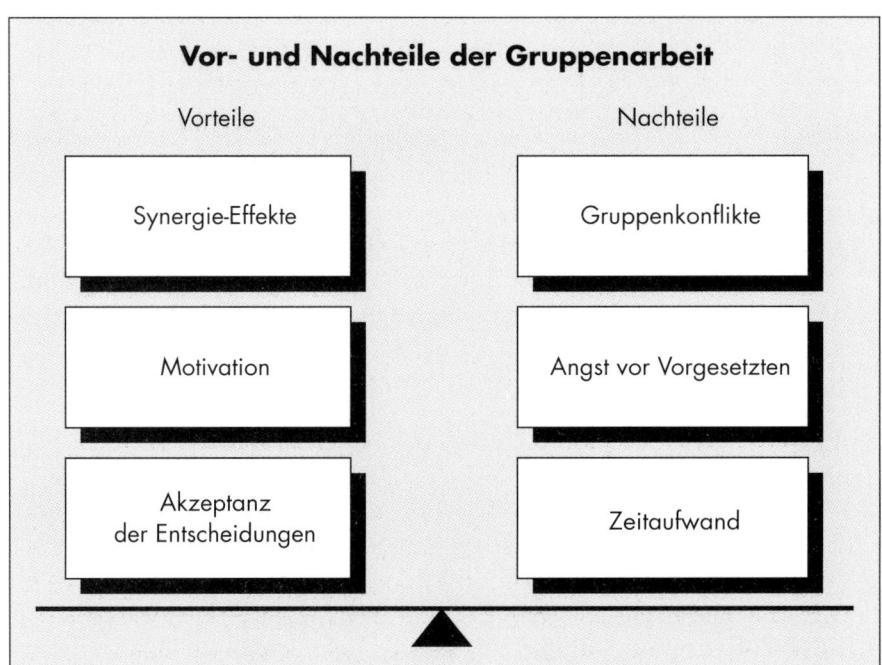

Vor- und Nachteile der Gruppenarbeit

Vorteile	Nachteile
Synergie-Effekte	Gruppenkonflikte
Motivation	Angst vor Vorgesetzten
Akzeptanz der Entscheidungen	Zeitaufwand

3.4 Vorbereitung und Durchführung eines Ideen-Workshops

Gruppensitzungen und Workshops gelingen am besten, wenn sie sorgfältig vorbereitet sind und wenn es eine klare Aufgabenverteilung gibt. Zunächst geht es darum, einen Gruppenleiter bzw. Moderator zu bestimmen. Seine Aufgabe ist es, alle vorbereitenden Maßnahmen zu treffen und für die notwendigen Hilfsmittel zu sorgen.

❖ **Räumlichkeiten**
Gruppenarbeit erfordert geeignete Räumlichkeiten. Die Kreativgruppe sollte räumlich vom hektischen Betriebsgeschehen getrennt sein. Unterbrechungen durch Telefon und andere Störungen sind möglichst auszuschließen. Idealerweise verfügt die Gruppe über einen eigenen Raum, der für nichts anderes als Gruppenarbeit genutzt wird. Das obligatorische »Konferenzzimmer« ist dazu weniger geeignet, weil Möbel und Hilfsmittel immer wieder umgestellt werden müssen und weil die Erinnerung an »unproduktive« Besprechungen und »leidige« Diskussionen nicht gerade zu einer kreativen Atmosphäre beiträgt.

❖ **Wer sollte daran teilnehmen?**
Die ideale Gruppengröße liegt zwischen fünf und acht Teilnehmern. Bei größeren Gruppen muß mit Störungen gerechnet werden, beispielsweise durch:
– mangelnde Gelegenheit, sich zu äußern,
– Bildung von kleineren »Diskussionsgrüppchen«,
– Durcheinanderreden.
Bei zu kleinen Gruppen ist das assoziative Potential zu gering, um in der Kreativphase für einen ausreichenden Ideenfluß zu sorgen. Gruppen sind im Vorteil, die fachübergreifend besetzt sind. So können Ideen aus verschiedenen Erfahrungs- und Wissensbereichen einfließen. Man sollte daher eine Mischung aus Fachleuten und Personen anstreben, die von dem Problem in irgendeiner Form betroffen sind. Die Gruppensitzungen finden normalerweise während der Arbeitszeit statt.

Lesen Sie mehr zu diesem Thema in »Das große Workshop-Buch« von Ulrich Lipp und Hermann Will.

✔ **Vorbereitungs-Checkliste**

Bereiten Sie die Gruppensitzung anhand der folgenden Checkliste vor:

☐ Machen Sie eine Liste, auf der die wichtigsten Probleme und Besprechungspunkte notiert sind.

☐ Unterteilen Sie Probleme in kleinere, überschaubare Einheiten.

☐ Versuchen Sie so viele von dem Problem betroffenen Personen wie möglich zu beteiligen.

☐ Verschicken Sie dazu die entsprechenden Einladungen.

☐ Erstellen Sie eine Liste über die möglichen Einstellungen dieser Personen zu dem Problem.

☐ Suchen Sie nach gemeinsamen Interessen, und versuchen Sie, divergierende Standpunkte zu analysieren.

☐ Suchen Sie nach allgemein anerkannten bzw. überprüfbaren Fakten als Ausgangspunkten, um die Diskussion des Problems einzuleiten.

☐ Bereiten Sie Fragen vor, um die Diskussion anzuregen.

❖ **Diskussionsregeln**
Damit die Kommunikation unter den Gruppenmitgliedern »funktioniert«, bedarf es einiger grundlegender Regeln. Besprechen Sie die folgenden Diskussionsregeln mit den Teilnehmenden gleich am Anfang einer Sitzung:

– Jeder muß gehört werden.
– Kein »Fingerzeigen«: nicht Personen, sondern Ideen kritisieren.
– In der Gruppe darf auch nicht beschuldigt oder gar gedroht werden.
– Probleme müssen unzensiert »auf den Tisch gebracht werden«.
– In der Problemlösungsgruppe darf es keine Hierarchie geben. Es dürfen Vorschläge des in der Hierarchie höher Stehenden nicht bevorzugt werden.
– Kein Teammitglied darf bestraft werden, wenn die Sache schiefgeht.

❖ **So sorgen Sie für die richtige Einstellung:**
  – Machen Sie sich keine Gedanken darüber, was andere über Sie denken, wenn Sie eine außergewöhnliche Idee haben.
  – Ermuntern Sie andere, über ihre Ideen zu berichten.
  – Bauen Sie internes Konkurrenzdenken ab.
  – Sorgen Sie für eine »Jeder-gewinnt-Atmosphäre« in Ihrem Einflußbereich.

Fünf Grundsätze für die Arbeit in Gruppen

1. Problembewußt
Die Mitglieder von Problemlösungsgruppen wirken mit, die eigenen Arbeitsbedingungen problem- und qualitätsbewußt zu gestalten. Sie lösen die Probleme, die sich an ihrem Arbeitsplatz stellen, selbst; sie stützen sich dabei auf ihre eigenen Erfahrungen und Kenntnisse.

2. Freiwillig
Die Mitarbeit kommt ohne Druck oder Zwang zustande. Jedes Mitglied bringt seine eigenen Interessen und Ideen in die Gruppe ein. Die Treffen finden während der Arbeitszeit statt.

3. Selbständig
Die Mitarbeiter kennen die Probleme ihres Arbeitsbereichs am besten. Daher wählt die Gruppe sich ihre Themen selbst. Vorgesetze haben keinen Einfluß auf die Themenwahl.

4. Systematisch
Beim Problemlösungsprozeß wird schrittweise und systematisch vorgegangen, um zu gut durchdachten und brauchbaren Lösungen zu kommen. Dabei werden geeignete Arbeitsmethoden und -mittel angewendet.

5. Regelmäßig
In Problemlösungsgruppen treffen sich fünf bis acht Personen in regelmäßigen Zeitabständen. Das gewährleistet zielstrebiges und kontinuierliches Arbeiten, ohne daß die normale Tätigkeit dadurch beeinträchtigt wird.

Training

In unserem heutigen Ausbildungssystem steht die Schulung einseitig logischen und analytischen Denkens leider noch immer im Vordergrund. Es werden feste Wissensinhalte vermittelt, wenig aber wird gelehrt, wie Zustände und Verhaltensweisen konstruktiv verändert werden können. Das Fach »Problemlösen« steht noch auf keinem Lehrplan. Es gilt als erwiesen, daß das kreative Potential eines Menschen keineswegs konstant ist und daß es sich durch Trainings weiterentwickeln läßt.

Teams müssen lernen, nicht nur Sachlösungen zu entwickeln, sondern auch Probleme auf der Beziehungsebene zu lösen. Maßnahmen, die die Kreativität fördern sollen, zielen darauf ab:

– das Verständnis für den Ablauf des kreativen Prozesses zu wecken,
– die eigenen kreativen Fähigkeiten zu entdecken,
– die Kenntnis und die Anwendung von Kreativmethoden zu schulen,
– die Mitarbeiter zu kreativen Leistungen zu ermutigen.

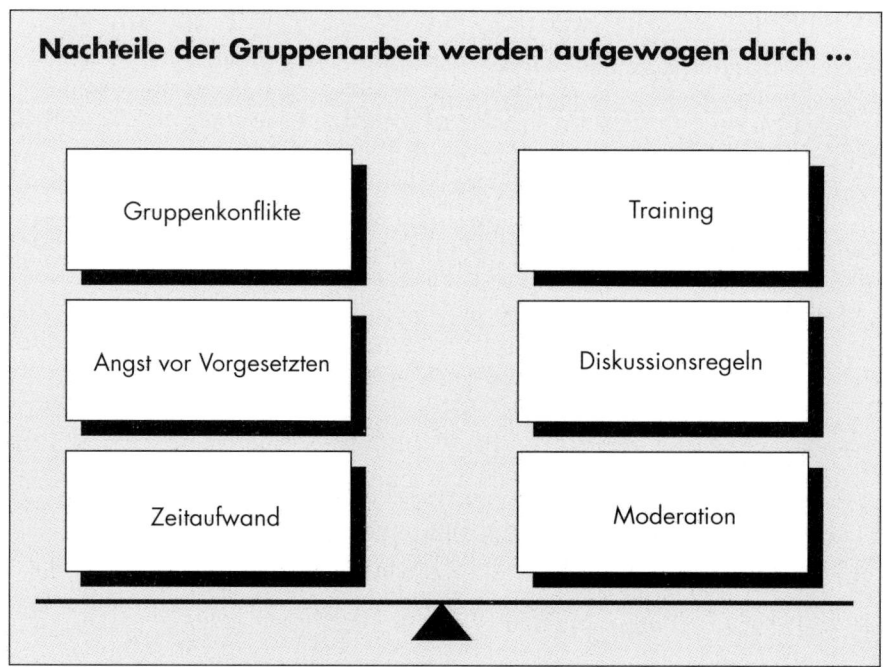

Nachteile der Gruppenarbeit werden aufgewogen durch ...

Gruppenkonflikte	Training
Angst vor Vorgesetzten	Diskussionsregeln
Zeitaufwand	Moderation

3.5 Die Rolle des Moderators

Damit die Synergieeffekte der Gruppe optimal genutzt werden können, bedarf es einer zentralen Steuerung. Diese Aufgabe fällt dem Moderator zu. In der Praxis hat sich gezeigt daß die Gruppe mit einem Moderator wesentlich besser arbeiten kann als ohne Leiter. An die Person des Moderators werden allerdings hohe Anforderungen gestellt: Er sollte in jedem Fall eine Persönlichkeit sein, die von allen Gruppenmitgliedern akzeptiert wird, und er sollte Erfahrung im Umgang mit Gruppen mitbringen.

> *Die Aufgabe des Moderators liegt nicht darin, inhaltliche Entscheidungen zu treffen, sondern den Gruppenprozeß zu organisieren und zu steuern.*

Ein guter Moderator muß für die Gruppe auch Vorbild sein. Anspruchsvolle menschliche Eigenschaften wie Respekt anderen gegenüber, Toleranz und Aufgeschlossenheit sind für ihn unverzichtbar. Fehlen ihm diese Eigenschaften, besteht die Gefahr, daß er seine Machtposition dazu mißbraucht, auf Arbeitsergebnisse Einfluß zu nehmen, oder in Gruppendiskussionen offen Partei ergreift und dadurch Konflikte innerhalb der Gruppe verstärkt. Personen mit einem auffälligen Hang zur Selbstdarstellung und autoritärem Führungsanspruch sind denkbar ungeeignet, um eine Gruppe zielorientiert zu begleiten.

Wichtig für das Selbstverständnis des Moderators ist: Er ist kein Experte für Fachfragen, und ihm steht auch nicht das letzte Wort bei Entscheidungen zu. Er bleibt stets neutral und gibt keinerlei Wertungen ab, es sei denn, er wird von der Gruppe ausdrücklich darum gebeten. Der Moderator ist vielmehr Begleiter und Methodenhelfer. Seine Aufgaben sind:

– Er stellt Fragen, regt zum kritischen Nachdenken an und hält den Ideenfluß in Gang.
– Er sorgt für eine strenge Trennung zwischen der Kreativphase und der Bewertungsphase beim Problemlösungsprozeß.
– Er ermuntert die Teilnehmer zum Mitmachen, er bremst die Vielredner und aktiviert die Schweiger.

– Er sorgt für Abwechslung in der Gruppenarbeit (z.B. durch Kleingruppen, Plenum) und vermittelt Erfolgserlebnisse.
– Er kann gruppendynamische Prozesse gut einschätzen, d.h., er reagiert rechtzeitig auf Unzufriedenheit, Langeweile, Ermüdung usw.
– Er ist in der Lage, Konflikte innerhalb der Gruppe zu erkennen und wertungsfrei ansprechen zu können.
– Er erkennt den Wert von Beiträgen einzelner Gruppenmitglieder und kann sie für den Problemlösungsprozeß fruchtbar machen.
– Er faßt am Ende die Arbeitsergebnisse zusammen und gibt Impulse für die Weiterarbeit.
– Er akzeptiert Gefühle und läßt Humor zu.

Kurzum: Der Moderator muß in der Lage sein, komplexe Prozesse auf der Sach- und auf der Beziehungsebene im Hinblick auf ein Arbeitsziel fexibel handhaben zu können.

✗ Test: Sind Sie ein guter Moderator?

		Ja	Nein
1.	Arbeite ich gern mit Gruppen?	☐	☐
2.	Kann ich die Aufgabe, die Gruppe gut zu führen, klar definieren?	☐	☐
3.	Kann ich die Gruppe partnerschaftlich und zielorientiert führen?	☐	☐
4.	Gebe ich den Teilnehmern genügend Anerkennung und Selbstvertrauen, nach dem Motto: »Wir können das Unmögliche schaffen, wenn wir gut zusammenarbeiten«?	☐	☐
5.	Bin ich bereit, mich zurückzunehmen und zuzuhören, statt Vorschläge zu bewerten?	☐	☐

	Ja	Nein
6. Kann ich durch Fragen und Anregungen führen?	☐	☐
7. Bin ich bereit, Meinungsdifferenzen mit den Gruppenmitgliedern zurückzustellen und bei anderer Gelegenheit auszudiskutieren?	☐	☐
8. Verhalte ich mich den Gruppenmitgliedern gegenüber so, wie ich es selbst als Teilnehmer erwarten würde?	☐	☐
9. Gelingt es mir, den Arbeitsprozeß zu steuern, beispielsweise durch Pausen, Methodenwechsel, Anregungen zur Weiterarbeit?	☐	☐
10. Bin ich in der Lage, Ideen und Vorschläge zu strukturieren?	☐	☐
11. Kann ich Ideeneingaben gut visualisieren, verfüge ich über bildhaftes Darstellungsvermögen?	☐	☐
12. Verfüge ich über Fähigkeiten und Methoden, der Gruppe über einen »toten« Punkt hinwegzuhelfen?	☐	☐
13. Bin ich in der Lage, Gruppenkonflikte zu steuern?	☐	☐
14. Kann ich Kritik an meiner Person akzeptieren?	☐	☐
15. Bin ich selbst für Lernprozesse offen?	☐	☐

Überlegen Sie sich zu jeder »Nein«-Antwort: Was kann ich tun, um mich in diesem Punkt zu verbessern?

Wenn Sie weniger als die Hälfte der Fragen mit »Ja« beantwortet haben, sollten Sie sich überlegen, vielleicht an einem Moderatorentraining teilzunehmen.

3.6 Visualisierung und der Einsatz von Medien

Wie die Erfahrung zeigt, gehen in herkömmlichen Diskussionen und Besprechungen viele wichtigen Aussagen verloren, bevor man überhaupt zum Kern der Sache vorgedrungen ist. Die Teilnehmenden reden aneinander vorbei, nur weil sie vergessen haben, was fünf Minuten vorher noch allgemeiner Konsens war. Das ist nicht immer nur Unkonzentriertheit oder Desinteresse, sondern hat etwas mit der menschlichen Gedächtniskapazität zu tun. Wir sind in der Lage, innerhalb von etwa zwanzig Minuten, so lange dauert das Kurzzeitgedächtnis an, nur bis zu sieben Informationseinheiten bewußt zu speichern. Und was wird in dieser Zeit nicht alles geredet.

Vorteile der
Visualisierung

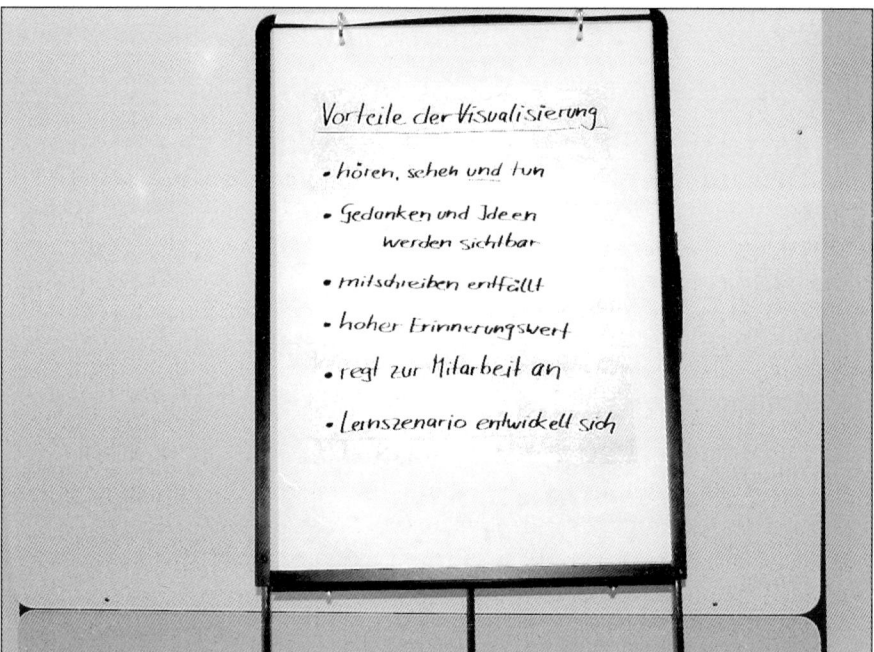

Wichtigste Regel für Problemlösungszirkel ist daher: Alle wichtigen Beiträge müssen schriftlich festgehalten werden. Nicht nur das geschriebene Wort, auch Bilder, Skizzen, Zeichnungen sind Mittel der Visualisierung. Dazu stehen uns eine Fülle von Hilfsmitteln zur Verfügung: Flipchart, Pinwand, Overheadprojektor, Filzschreiber in unterschiedlichen Farben und Dicken. Außerdem lassen sich wichtige Diskussionsphasen mit Kassetten- und Videorecorder aufzeichnen und nachträglich auswerten.

Bildaufzeichnungsmittel können auch helfen, Probleme in Arbeits- und Produktionsabläufen sichtbar zu machen und somit zu einem besseren Problemverständnis zu kommen. Aufgezeichnet werden können z.B.:

– die Schalterabfertigung in einer Behörde oder Bank,
– die Arbeitswege in einer Fabrikhalle oder in einem Großraumbüro,
– die Fertigung von Bauteilen,
– oder auch eine typische »Montagskonferenz«.

Fotos eignen sich dagegen für statische Problempunkte, z.B. Maschinendefekte, Büro- und Arbeitsplatzeinrichtungen, Lagerungsprobleme usw..

Was sind die Vorteile der Visualisierung?

– Visualisierung bewirkt einen gleichen Informationsstand bei allen Gruppenmitgliedern. Sie ermöglicht dadurch eine klarere und genauere Diskussionsführung.
– Sie zwingt zu einer strengen Unterscheidung zwischen Wesentlichem und Unwesentlichem. Dadurch wird die Aufnahme- und Verarbeitungskapazität der Gruppenmitglieder nicht überfordert.
– Verbal schwierig zu erklärende Sachverhalte lassen sich durch optische Unterstützung leichter fassen.
– Durch Visualisierung werden die einzelnen Beiträge der Gruppenmitglieder formell anerkannt; dies motiviert und trägt dazu bei, daß sich die Teilnehmer mit *ihren* Arbeitsergebnissen identifizieren.
– Durch Visualisierung wird der Stand der Problemlösung – auch für Außenstehende – jederzeit sichtbar; dies regt zum kritischen Nachdenken und zu neuen Ideen an.

Die Grundregeln für die Visualisierung

– Schreiben Sie das Thema bzw. das zu lösende Problem an exponierter Stelle in großen Buchstaben auf ein Flipchart/eine Pinwand, damit es für alle gut zu lesen ist.
– Bereiten Sie für jede Phase der Problembearbeitung ein Plakat mit entsprechender Überschrift und Aufteilung vor.
– Verteilen Sie Moderationskärtchen (10 x 21 cm); sie erlauben jedem Teilnehmer, eigene Gedanken und Ideen niederzuschreiben und an die Pinwand zu heften, ohne den Diskussionsfluß dadurch zu unterbrechen. Fragen können formuliert, Widersprüche provoziert und außergewöhnliche Einfälle jederzeit festgehalten werden. Die Kärtchen lassen sich in der Auswertungsphase rasch nach Oberbegriffen sortieren.
– Für die Beschriftung von Kärtchen gilt die Grundregel: Pro Karte ein Gedanke. Machen Sie die Teilnehmerinnen und Teilnehmer auf diesen Umstand aufmerksam.
– Wegen der Lesbarkeit sollte grundsätzlich nur Druckschrift verwendet werden. Die Texte müssen unbedingt auch für weiter entfernt sitzende Personen lesbar sein.
– Testen Sie die Wirkung jedes Plakats: Bevor Sie ein Plakat für fertig erklären, sollten Sie es gemeinsam mit den Teilnehmenden noch einmal begutachten.

Wer sich über Visualisierungstechniken näher informieren möchte, dem seien der Schuber »Mit den Augen lernen – Medien für die Aus- und Weiterbildung«, herausgegeben von Hermann Will, und vor allem das Buch »Pinwand, Flipchart und Tafel« von Traute Langner-Geißler und Ulrich Lipp empfohlen.

Als hilfreich hat sich das Arbeiten mit »Szenarios« erwiesen, das sind große Papierwände, auf die Informationen ins unreine geschrieben werden und die jederzeit den Stand der Problemlösung sichtbar machen. Mit entsprechenden Markierungen (Pfeilen, Kreisen, Unterstreichungen) in verschiedenen Farben können Zusammenhänge, Widersprüche und Gegenargumente gekennzeichnet werden. Fotos, Zeichnungen, vorgefertigte Diagramme können angeheftet und mehrere Pinwände können zu einem »Lern-« bzw. »Infomarkt« verbunden werden.

Solche »lebendigen« Pinwände werden nicht nur betrachtet, sondern laden zum Ergänzen ein. Es wird der Gruppe deutlich, daß es nicht darum geht, sich von vornherein festzulegen, sondern um ein ständiges Entwerfen, Verändern und Neustrukturieren von Ideen und Lösungsansätzen. Dieses Vorgehen ist unerläßlich für einen gemeinsamen Lernprozeß und für ein kreatives Arbeiten in der Gruppe.

Die fünf Schritte des Problemlösens: D.I.A.N.A.

Kreative Leistungen sind keine Zufallsprodukte, sondern das Ergebnis zielgerichteten produktiven und systematischen Denkens. Kreativitäts- und Problemlösungstechniken sind daher Methoden zur Produktion, Auswahl und Umsetzung neuer Ideen. Sie können Kreativität zwar nicht ersetzen, jedoch vorbereiten und stimulieren. Der Erfolg einer Problemlösung hängt auch von der richtigen Reihenfolge der einzelnen Schritte ab.

Das sind im einzelnen:

> *»Denken sie langsam.«*
> Edward de Bono

❖ **1. Schritt: Problemdefinition**
   Den Prozeß des Problemlösens stellt man sich am besten in Form eines Modells mehrfach ineinanderlaufender Trichter vor (s. Abbildung auf Seite 66). Da ist zunächst die komplexe Umwelt, die ein Problem birgt. Um das Problem lösen zu können, müssen wir den Realitätsauschnitt, der dieses Problem repräsentiert, näher unter die Lupe nehmen. Denn wir wissen ja noch nicht, welches die einzelnen Problemfaktoren sind und in welcher Wechselwirkung sie zueinander stehen. Oft werden Symptome mit Ursachen verwechselt. Mit anderen Worten: Der Suchraum muß eingegrenzt, das Problem definiert, Ursachen und Wirkungen müssen analysiert werden. Diese Phase ist daher konvergent.

❖ **2. Schritt: Ideenfindung**
   Nachdem das Problem erkannt bzw. definiert ist, müssen Ideen und Informationen gesammelt werden, um es zu lösen. Ideenfindung ist ein Akt des divergenten Denkens; es kommt hierbei weniger auf logisches und analytisches Vorgehen an als auf Intuition und Phantasie. Mit Hilfe bestimmter Techniken (Brainstorming, Analogiebildung, Problemverfremdung) ist es möglich, den unbewußten Ideenvorrat auszuschöpfen. Dabei kommt es ganz entscheidend darauf an, die Phase der Ideenfindung von der Bewertungsphase strikt zu trennen. Hierfür müssen bestimmte Regeln beachtet werden: keine Kritik, verzögerte Bewertung, ausreichender Zeitrahmen. Suchen Sie nach allen – auch den ungewöhnlichsten – Ideen, die für eine Lösung des Problems in Frage kommen. Als hilfreich hat sich erwiesen, wenn Gruppen zu diesem Zweck aus Vertretern verschiedener Fachrichtungen, Altersgruppen und von dem Problem Betroffenen zusammengesetzt sind.

❖ **3. Schritt: Auswahl und Bewertung von Ideen**

In dieser Phase geht es darum, die gesammelten Ideen und Einfälle zu ordnen, zu analysieren und schließlich die den größten Erfolg versprechenden Lösungsvorschläge auszuwählen. Entsprechend dem Denkprozeß ist diese Phase konvergent, erfordert also logisches und analytisches Denken. Man kann sich dieses Vorgehen wiederum anhand des Trichtermodells veranschaulichen: In den Trichter werden alle verfügbaren Informationen eingegeben und am Ende ausgewählt und sortiert.

❖ **4. Schritt: Neudefinition**

In der Auswahl- und Bewertungsphase treten oft neue Erkenntnisse zutage, die es notwendig machen, das Problem neu zu definieren. Die gefundenen Lösungen müssen überprüft, Hindernisse erkannt und Maßnahmen konkret gemacht werden. Der Problemlösungsprozeß kann an dieser Stelle in eine oder mehrere Schleifen treten, in der neue Lösungsansätze entwickelt und ausgewählt werden. In Problemlösungszirkel kann es wiederum hilfreich sein, Experten aus verschiedenen Fachrichtungen mit einzubeziehen.

❖ **5. Schritt: Anwendungs- und Aktionsplanung**

Die Beschäftigung mit Problemen ist kein Selbstzweck, sondern soll zu Lösungen führen, die sich in der Praxis bewähren. Bei gut strukturierten Problemen (z.B. Kreuzworträtsel) gilt die Aufgabe als gelöst, wenn sich die Lösung widerspruchsfrei in die Gesamtsituation einfügen läßt. Bei schlecht strukturierten Alltagsproblemen – im weitesten Sinne Organisations- und Innovationsproblemen – beginnt mit der Phase der Anwendung oft erst die richtige Arbeit. Die Umsetzung der Lösungsansätze muß penibel geplant und organisiert werden. Organisieren Sie systematisch alle Aufgaben, Termine und Ressourcen, die zur Umsetzung notwendig sind. Die Rückmeldung darüber, ob sich die Lösung als erfolgreich erwiesen hat oder nicht, kann jedoch mitunter lange auf sich warten lassen. Auch ist mit der Anwendung der Ideen der Problemlösungsprozeß noch nicht abgeschlossen. Denn die Ergebnisse der Umsetzung müssen wiederum für zukünftige Lösungen analysiert werden. Der Prozeß der Problemlösung ist somit als zyklisch, d.h. nie ganz abgeschlossen zu betrachten.

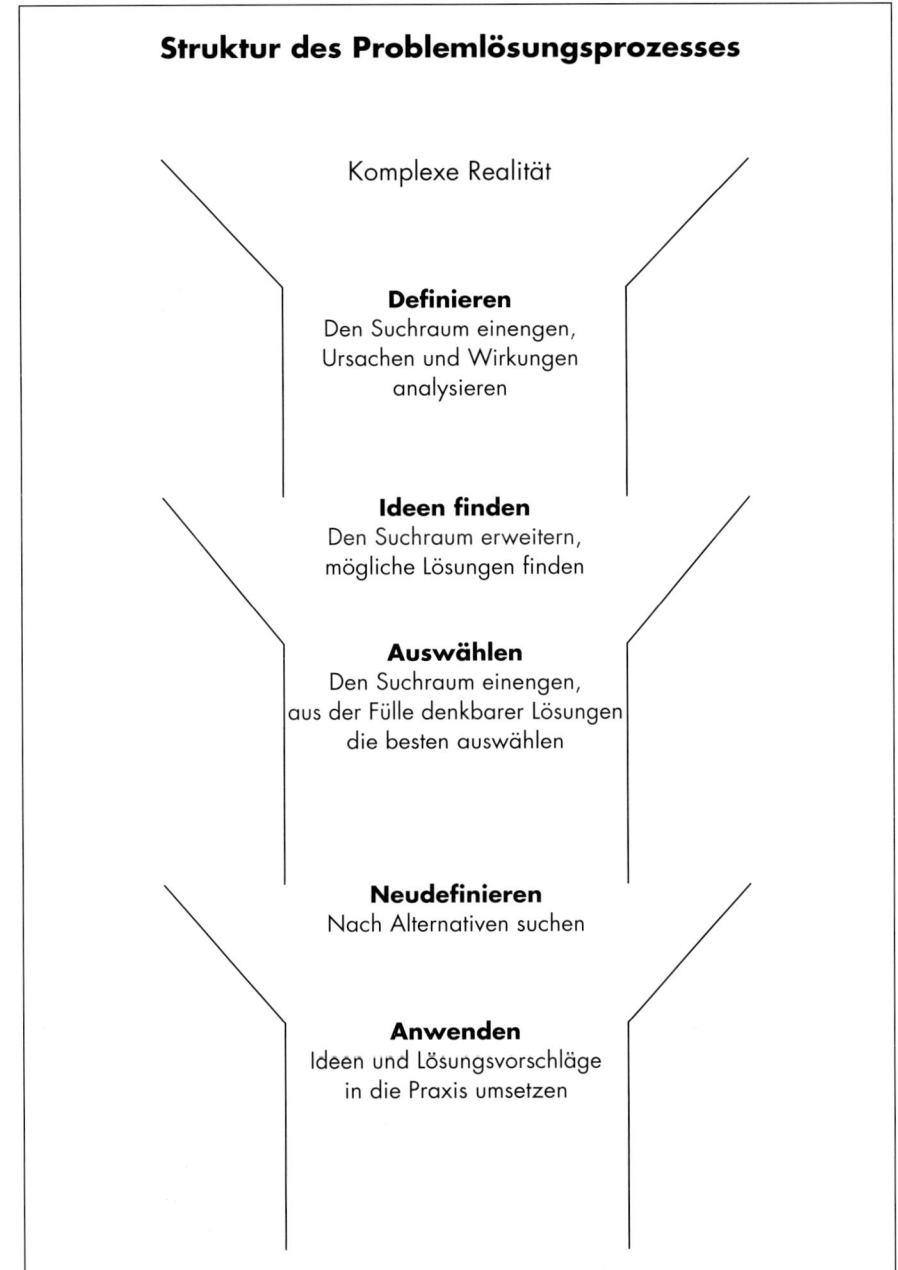

4.1 Definieren

Bevor man sich an die Lösung eines Problems macht, muß klar sein, worum es überhaupt geht. Es gibt die unterschiedlichsten Gründe, weshalb ein Problem definiert werden sollte.

Vage Problembeurteilungen

Schon viele Gruppen und einzelne Lösungssuchende sind in ihrer Zielsetzung gescheitert, weil sie es versäumt haben, das Problem hinreichend zu definieren. Hierzu ein historisches Beispiel: Zu Beginn der siebziger Jahre tauchten in den Schullehrplänen urplötzlich Schlagworte wie »Erziehung zum mündigen bzw. demokratischen Staatbüger« oder »Erziehung zum selbständigen Denken« auf. Die meisten der Lehrenden wußten jedoch nicht, wie sie diese Ziele in ihrem Unterricht umsetzten sollten. Dies stiftete viel an Verwirrung und Frustrationen bei allen Betroffenen, bei Lehrern, Schülern und Eltern. Erst nachdem man diese Begriffe konkretisierte und mit Inhalt füllte, war es möglich, Richtlinien und Curricula für eine vernünftige Unterrichtsgestaltung auszuarbeiten.

Auch im Arbeits- und Berufsleben tragen vage und pauschale Problemdefinitionen, wie z.B.: »Unser Problem ist der rückläufige Umsatz ..., die mangelhafte Qualität, ... die häufigen Fehlzeiten usw.«, eher zur Vernebelung bei statt zur Klärung, worin nun die wirklichen Schwierigkeiten liegen. Besonders bei »Reizthemen«, die die Frage nach der Verantwortlichkeit aufwerfen, ist es oft unmöglich, auf einen gemeinsamen Nenner in der Problembeurteilung zu kommen. Aber auch sonst gibt es immer wieder unterschiedliche Einschätzungen (siehe das Fallbeispiel am Anfang des Buches). Menschen haben nun einmal sehr subjektive Sichtweisen, obwohl sie vielleicht schon jahrelang in derselben Firma oder derselben Abteilung arbeiten. Dahinter stehen manchmal unausgesprochene Interessen oder das berühmte »Abteilungsdenken«. Auch ist die Wirklichkeit in vie-

> »Zu frühe Urteile sind Vorurteile, aus denen der Irrtum emporsteigt wie der Nebel aus dem Meere.«
> Heinrich Pestalozzi

len Organisationen noch immer die, daß sich jeder auf seinen Teilbereich konzentriert und wenig über die Probleme der anderen Bescheid weiß. Kurzum: Ist die Aufgabenstellung unklar, sind alle Bestrebungen, zu einer gemeinsamen Problemlösung zu kommen, zum Scheitern verurteilt.

Symptome mit Ursachen verwechseln

Ein weiterer Grund, weshalb es wichtig ist, ein Problem genau zu analysieren, ist die Neigung zur vorschnellen Bewertung von Problemursachen. Viele halten sich für »die Experten«, sie glauben genau zu wissen, »wo der Hase im Pfeffer liegt«, und haben meist schon die »geeignete« Lösung parat. Oft wird dann das Problem einfach als dessen Lösung ausgegeben: »Wir müssen mehr Umsatz machen..., die Fehlzeiten reduzieren..., die Qualität steigern usw.« Solche Zirkelschlüsse führen in der Praxis dazu, daß am Ende noch mehr Probleme entstehen. Zu häufig werden Symptome mit Ursachen verwechselt. So kann beispielsweise ein hoher Ausschuß seine Ursachen in einem schlechten Betriebsklima, mangelnder Kommunikation von »oben« nach »unten« oder Streß am Arbeitsplatz haben. Hinter diesen Ursachen können sich wiederum andere, tiefer liegende verbergen. In der Praxis sieht es jedoch oft so aus: Quellen in einer Firma die Lagerbestände über, wird lieber gefragt: »Wie schaffen wir neuen Lagerraum?«, anstatt: »Warum sind unsere Lager ständig überfüllt, und was können wir tun, um die Lagerbestände abzubauen?« Verkauft sich ein Produkt schlecht, greift man lieber zu aggressiveren Werbemethoden, anstatt zu fragen: »Warum ist das so, und was können wir dagegen tun?« Oft wird nur an Symptomen herumkuriert mit dem Ergebnis, daß das Problem kurzfristig verschwindet und danach wieder auftaucht.

Ein Problem definieren heißt die Richtung vorgeben

Halten wir also fest: Es muß klar herausgearbeitet werden, was die Ursachen eines Problems und was seine Auswirkungen sind. Die Problemursachen müssen genau analysiert werden, bevor man über mögliche Lösungen nachdenkt. Mit einer guten Definition des Problems wird ein Konsens unter den Betroffenen herbeigeführt, ohne den kein fruchtbares Arbeiten möglich ist. Es wird ein Bewußtsein geschaffen, daß alle »in einem Boot«

So grenzen Sie ein Problem ein:

❖ Stellen Sie die richtigen Fragen.

❖ Beobachten Sie genau.

❖ Betrachten Sie das Problem von mehreren Seiten.

❖ Finden und provozieren Sie gegebenenfalls Widerspruch.

❖ Geben Sie sich nicht mit vorschnellen Erklärungen zufrieden.

❖ Analysieren Sie sorgfältig die Problemursachen.

❖ Isolieren Sie die relevanten Faktoren.

❖ Formulieren Sie generelle Hypothesen.

❖ Stecken Sie den Rahmen ab, in dem das Problem gelöst werden kann.

sitzen, und daß die Sache, um die es geht, die gemeinsame ist. Wichtiger aber noch ist: es werden schon die Weichen für die Richtung des Problemlösungsprozesses gestellt und dafür, ob die daraus entwickelten Maßnahmen am Ende umsetzbar sind oder nicht.

Der Prozeß des Problemdefinierens umfaßt die folgenden Arbeitsschritte:

❖ **Das Problem erkennen**
Diskutieren Sie mit der Gruppe, worum es eigentlich geht. Finden Sie gemeinsam heraus, worin das Problem besteht, ohne es jedoch zu bewerten.

❖ **Ursachen und Wirkungen analysieren**
Finden Sie heraus, worin die Hauptursachen des Problems liegen.

❖ **Die Suchrichtung bestimmen**
Legen Sie die Suchrichtung für mögliche Lösungen fest.

❖ **Informationen sammeln und auswerten**
Für die weitere Arbeit ist es wichtig, daß alle Beteiligten über die gleichen Informationen, die das Problem betreffen, verfügen.

❖ **Ziele setzen**
Definieren Sie den Soll-Zustand, und legen Sie Teilziele fest.

In einer guten Problemdefinition sind meist schon richtige Lösungsansätze enthalten.

69

Das Problem erkennen – Worum geht es eigentlich?

Gruppendiskussion

Wie bereits erwähnt: Oft ist nicht von vornherein klar, worin das Problem besteht. Ein gemeinsames Problemverständnis ist aber die Grundvoraussetzung für die weitere Arbeit. Die Phase der vorläufigen Problemdefinition beginnt daher mit einer Diskussion, in der die Gruppenmitglieder beschreiben, wie sie das Problem wahrnehmen.

Hilfsfragen für die Gruppe können sein:

– »Womit sind wir unzufrieden?«
– »Was stört uns?«
– »Welche Konflikte, Spannungen, Schwierigkeiten haben wir in letzter Zeit bemerkt?«
– »Was behindert unsere Arbeit?«
– »Wie wirkt sich das Problem aus?«
– »Was möchten wir gerne verändern?«
– »Wie wollen wir das Problem benennen?«

Wichtig ist, daß die Gruppenmitglieder in ihrer Meinungsäußerung völlig frei sind. Es darf keine Tabus geben. Beziehungsprobleme müssen ebenso angesprochen werden können wie Sachprobleme. Erstere können wichtige Hinweise für die tieferen Ursachen eines Problems bieten. Wie oft hat sich gezeigt, daß ein Sachproblem lediglich der Ausdruck für ein latentes Beziehungsproblem zwischen Einzelpersonen oder Abteilungen ist. Die Aufgabe des Moderators ist es, durch Fragen das Problem immer mehr einzugrenzen. Alle Meinungsäußerungen werden schriftlich festgehalten und nach thematischen Gesichtspunkten geordnet. Die Gruppe einigt sich auf ein Thema, z.B. »ineffektive Meetings«.

Ursachen und Wirkungen analysieren – Woher kommt das?

Wir befinden uns noch immer an der Problemoberfläche. Nun kommt es darauf an, in die Tiefe zu gehen, und das bedeutet, eine möglichst breite Ideenbasis für mögliche Ursachen zu entwickeln.

Das Problem als Frage formulieren

Formulieren Sie das »Problem« zunächst als Frage. Sagen Sie nicht: »Ineffektive Meetings sind unser Problem«, sondern: »Angenommen, ineffektive Meetings wären unser Problem, was fällt Ihnen dazu ein?« Der Grund, weshalb man das Problem als Frage formuliert, liegt darin, daß wir seine Ursachen noch nicht kennen und daß man es daher als das betrachten sollte, was es ist, nämlich ein Symptom. Damit wird der Blick weg von subjektiven Erfahrungen und Frustrationen mit der Ist-Situation und mehr auf die Hintergründe gerichtet. Die Teilnehmenden sollen in die Lage versetzt werden, das Problem möglichst objektiv – aus der Sicht des neutralen Beobachters – zu betrachten.

Brainstorming

Zu der gefundenen Fragestellung führt die Gruppe ein Brainstorming durch. Die Regeln für die Durchführung eines Brainstormings werden im nächsten Abschnitt ausführlich behandelt. Die Gruppenmitglieder sollen alles, was ihnen zu dem Problem einfällt, benennen. Sie können z.B. alle konkreten Fälle auflisten, die mit dem Problem zu tun haben. Das Brainstorming kann auch durch die folgenden Fragen angeregt werden:

– Was ist unser Problem, und was ist nicht unser Problem?
– Wann tritt das Problem auf, und wann tritt es nicht auf?
– Warum kommt es vor, und warum erscheint es manchmal nicht?
– Wo taucht es auf, und wo taucht es nicht auf?
– Wer trägt zu seiner Entstehung bei, und wer versucht es zu lösen?
– Wie stellen wir fest, daß das Problem vorhanden ist, und wie stellen wir fest, daß es manchmal nicht vorhanden ist?

Schrittweise Abstraktion – Die »Eisberg-Regel«

Oft stellt sich heraus, daß das zu Beginn wahrgenommene Problem nur der sichtbare Teil eines tiefer liegenden, sozusagen die Spitze eines Eisberges, darstellt.

Verweilen wir kurz bei dem Bild des Eisberges. Wie groß die Spitze eines Eisberges auch immer zu sein scheint, achtzig Prozent seines Volumens befinden sich unter der Wasseroberfläche. Dasselbe gilt für die meisten Problemursachen. Man würde also viel Zeit und Energie darauf verschwenden, Oberflächenkosmetik zu betreiben und die Hauptursachen außer acht zu lassen. Fixiert man sich auf Einzelsymptome, ändert sich an der Gesamtsituation überhaupt nichts, und die Probleme treten früher oder später wieder auf. Die »Eisberg-Regel« soll uns auch daran erinnern, daß die Phase des Problemdefinierens eine langwierige und schwierige sein kann und daß wir uns in Geduld üben müssen. Seien wir uns darüber im klaren, daß wir ebensoviel Zeit darauf verwenden müssen, die Ursachen eines Problems zu erforschen, wie für seine Lösung.

> *Es muß ebensoviel Zeit darauf verwendet werden, das Problem zu definieren, wie für seine Lösung.*

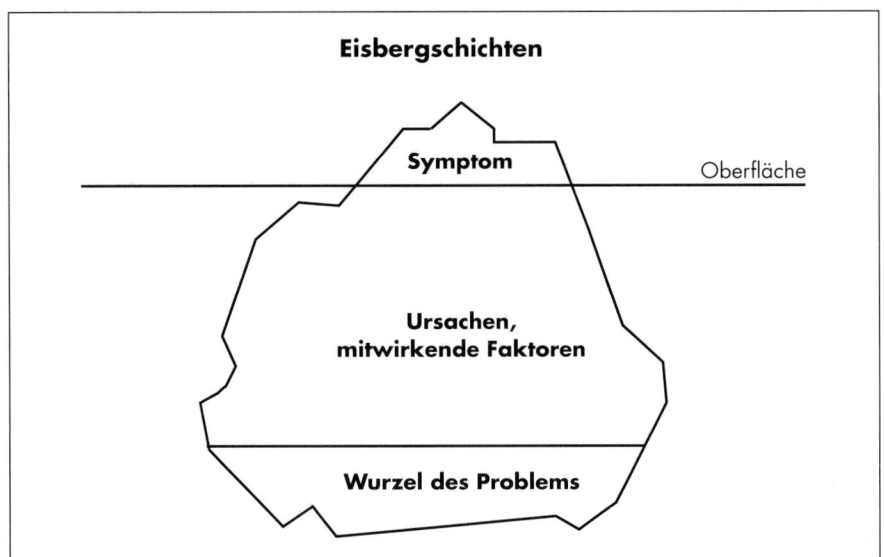

Wie kann man dem Problem auf den Grund gehen? Um zu den Problemursachen vorzudringen, muß der »Eisberg« Schicht für Schicht abgetragen werden. Die geeignete Methode dafür ist die *schrittweise Abstraktion*. Die Frage »Woher kommt das?« immer wieder neu gestellt, lassen sich zu bestimmten Ursachen noch weitere finden. Die schrittweise Abstraktion eines Problems umfaßt folgende Vorgehensweise:

- ❖ Ordnen Sie die Einzelsymptome bzw. die konkreten Einzelfälle Ihrer Brainstorming-Liste nach Oberbegriffen.
- ❖ Bewerten Sie, welche Ursachen Ihnen am elementarsten erscheinen.
- ❖ Stellen Sie zu jeder der gefundenen Ursachen die Frage »Woher kommt das?«, und vertiefen Sie diese, wenn nötig, durch ein weiteres Brainstorming.
- ❖ Suchen Sie wiederum nach Oberbegriffen bzw. übergeordneten Zusammenhängen.
- ❖ Wiederholen Sie den Vorgang so lange, bis Sie glauben, zur Wurzel des Problems vorgedrungen zu sein.

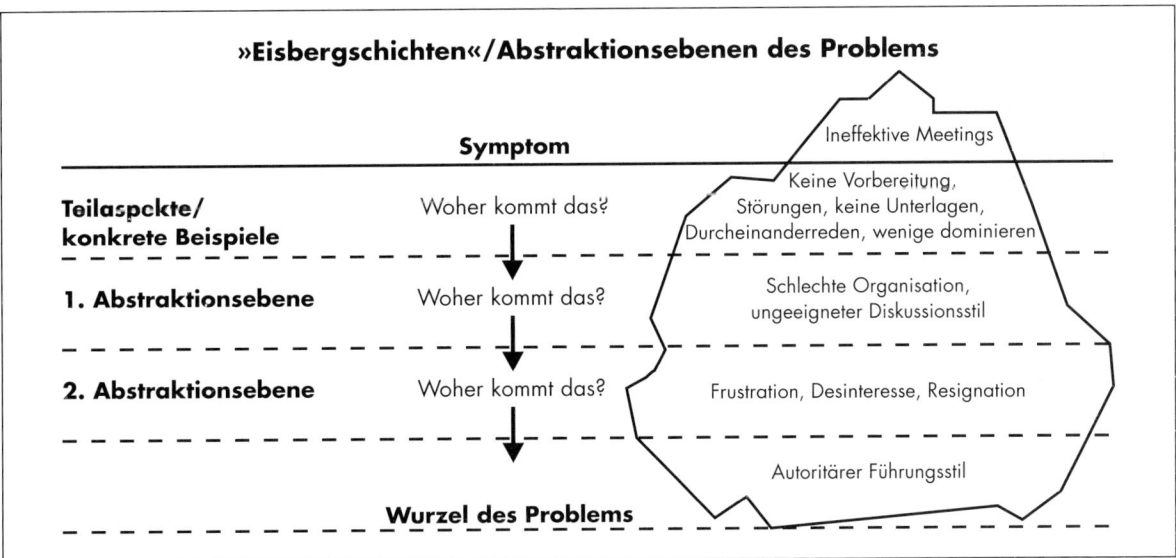

Die schrittweise Abstraktion ist also ein Verfahren, bei dem man – wie bei einem Puzzle – aus den Einzelaspekten eines Problemkomplexes Schritt für Schritt das Gesamtbild und dessen Wirkungsgefüge rekonstruiert. Die Richtung dabei heißt: vom Konkreten zum Abstrakten. Die höchste Abstraktionsebene repräsentiert die Ebene der Hauptursachen eines Problems. An unserem Beispiel läßt sich verdeutlichen, daß sich die wirklichen Ursachen eines Problems meist anders darstellen, als es auf den ersten Blick erscheint. Die ineffektiven Besprechungen in unserem Fallbei-

73

spiel sind allem Anschein nach nur ein Spiegelbild der übrigen Schwierigkeiten in der Firma.

In der Praxis empfiehlt es sich, einen Problemstammbaum zu erstellen, auf dem die einzelnen Abstraktionsebenen (Ebenen der Konkretisierung des Problems) voneinander getrennt sind. Hat man einmal die verschiedenen Ebenen bestimmt, läßt sich leichter sagen, welche Suchrichtung eingeschlagen werden muß, um es zu lösen.

Das Fischgrät-Diagramm

Ursachen und Auswirkungen eines Problems (man denke zum Beispiel an die Einführung neuer Technologien in einem Unternehmen) umfassen meist mehrere Bereiche: Personen, Arbeitsabläufe, Methoden, Verfahrensweisen, Maschinen, Material, die Organisation, die Umwelt usw.

Zur besseren Darstellung eignet sich eine grafische Form besonders gut: das nach seinem Erfinder, dem japanischen Professor Ishikawa benannte ISHIKAWA-Diagramm, auch Fischgrät-Diagramm bzw. Ursachen-Wirkungs-Diagramm genannt.

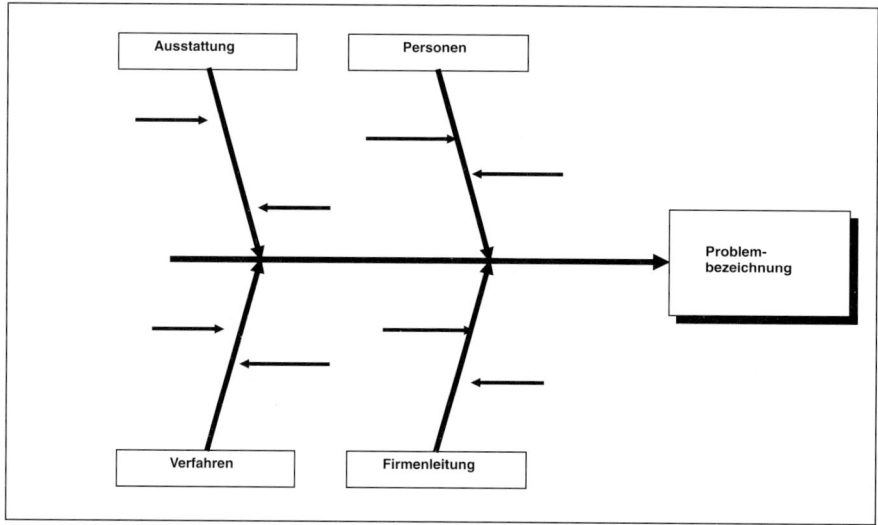

Schreiben Sie in den »Kopf« das Hauptthema, in unserem Fall »ineffektive Meetings«, und schreiben Sie links davon an die entsprechenden »Gräten« die möglichen Ursachen. Sie können natürlich die einzelnen Gräten auch anders bezeichnen, weitere hinzufügen, Verästelungen einzeichnen, mit anderen Worten: Sie können das Diagramm beliebig ergänzen.

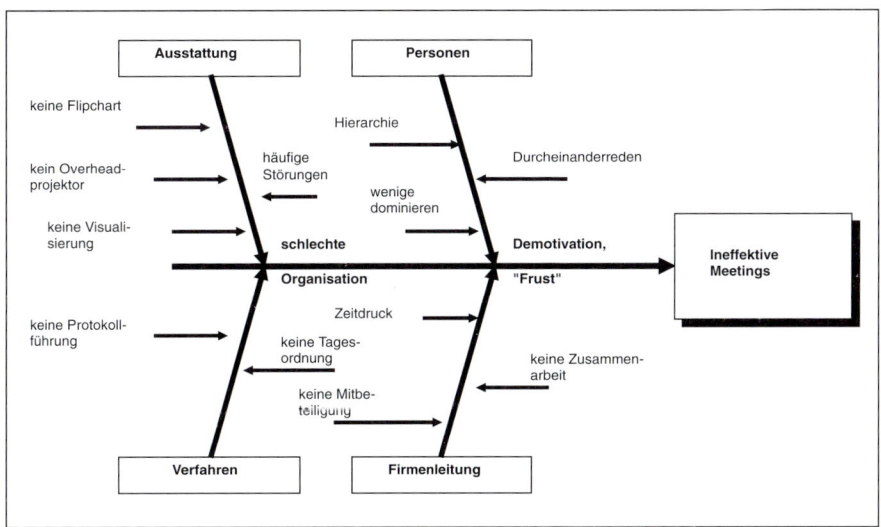

Das Pareto-Prinzip

Denken Sie an das *Pareto-Prinzip*. Der italienische Ökonom Vilfredeo Pareto fand im letzten Jahrhundert in statistischen Untersuchungen heraus, daß zwanzig Prozent der Bevölkerung achtzig Prozent des Volksvermögens besaßen. Der als Pareto-Prinzip (»20:80-Regel«) bezeichnete Sachverhalt läßt sich auf viele andere Lebensbereiche übertragen. Wie unser Beispiel zeigt, sind es meist wenige (Haupt-)Ursachen, die für eine Vielzahl von Auswirkungen verantwortlich sind. Nichts anderes übrigens besagt die Eisberg-Regel. Identifizieren Sie daher die Hauptursachen des Problems, statt an einer Vielzahl von Symptomen herumzukurieren!

75

Die Suchrichtung festlegen – Was wäre, wenn?

Was wird durch das schrittweise Abtragen des »Problem-Eisberges« außerdem noch erreicht? Zweierlei:

❖ Durch die Zuordnung von Problemursachen nach verschiedenen Abstraktionsebenen lassen sich genauere Zielvorgaben ableiten. Anders formuliert: Je konkreter das Problem und seine Ursachen analysiert sind, desto leichter läßt sich die Suchrichtung für mögliche Lösungen bestimmen.

❖ Erweist sich das eingangs formulierte Problem als Auswirkung eines anderen, ihm übergeordneten, muß es neu definiert, die Zielrichtung neu bestimmt werden.

Es stellt sich nun die Frage: Was wollen wir verändern? An welcher Ebene wollen wir ansetzen? An dieser Stelle kann der Prozeß des Problemdefinierens in die Phase des Neudefinierens bzw. des Neuentscheidens eintreten. Natürlich können auch mehrere Suchrichtungen gleichzeitig verfolgt werden, zum Beispiel:

| Das Problem wird in immer grundsätzlicheren Zusammenhängen betrachtet. Auf den einzelnen Abstraktionsebenen werden Lösungsansätze gesucht. |

– Wer soll unsere Meetings in Zukunft leiten?
– Was können wir tun, um die Kommunikation in unseren Meetings zu verbessern?
– Was können wir tun, um unsere Meetings besser zu organisieren?
– Wie können unsere Meetings besser moderiert werden?
– Was können wir tun, damit in unseren Meetings das zur Sprache kommt, was uns alle bewegt?
– Wie können wir die Unterlagen verbessern?
– Welche Hilfsmittel für die Visualisierung brauchen wir?

Wir sehen, die Bestimmung der Suchrichtungen mit Hilfe der schrittweisen Abstraktion erlaubt ein sehr präzises, man könnte sagen »chirurgisches« Vorgehen. Es können schon im Vorfeld Suchrichtungen ausgeklammert werden, die wenig Erfolg versprechen, oder solche, die nicht im Einflußbereich der Gruppe liegen. Hätte man zum Beispiel auf die Hauptursache, den Führungsstil des Leiters, keinen Einfluß, müßte an einer anderen Ebene angesetzt werden.

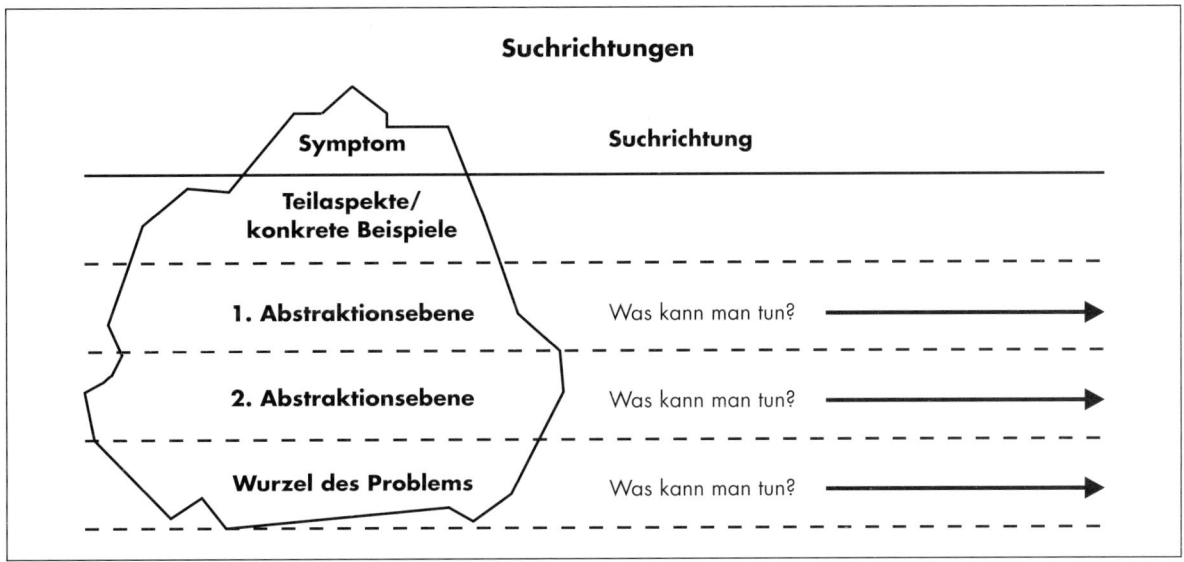

Informationen beschaffen – Was müssen wir wissen?

Bei den wenigsten Problemen reicht das vorhandene Wissen aus, um sie zu lösen. Bei Organisations- und Innovationsproblemen stehen wir vor schlecht definierten Entscheidungssituationen, die neben Kreativität zusätzliche Informationen erfordern. Auch kennt man das: Viele Diskussionen führen zu keinem Ergebnis, weil Meinungen und nicht Fakten ausgetauscht werden. Man denke zum Beispiel an die Redeschlachten der Politiker im Wahlkampf.

Informationen sammeln und auswerten ist daher in jeder Phase des Problemlösens eine absolute Notwendigkeit. Am Anfang ist noch nicht vollkommen klar, welche Informationen benötigt werden. Mit zunehmender Beschäftigung mit dem Problem wird der Informationsbedarf immer spezieller. Für viele Probleme wurden auch schon anderswo Lösungen erarbeitet und dokumentiert. Man muß ja das Rad nicht jedesmal neu erfinden. Deshalb ist es ratsam, vorher zu schauen, was es an Lösungen schon auf dem »Markt« gibt. Das Sammeln von Informationen ist jedoch erst sinnvoll, wenn man das Problem möglichst exakt definiert hat. Beginnt man schon vorher damit, trägt man unter Umständen zu viele nutzlose, für das Problem nicht relevante Informationen zusammen.

❖ **Informationsbedarf analysieren**
Definieren Sie zusammen mit der Gruppe Ihren Informationsbedarf (z.B.: Meinungsumfragen zum Arbeitsablauf, Betriebsklima, Verkaufs- und Produktionszahlen). Bestimmen Sie, welche Informationen Sie über welche Zielgruppen benötigen (z.B.: Anwender, Zulieferer, Geschäftspartner, Kunden, Besucher usw.). Legen Sie fest, welche Methode der Datensammlung für Ihr Thema am geeignetsten ist, z.B.: Fragebogen, Statistiken, Interviews, Arbeitsstichproben usw.

❖ **Informationen sammeln**
Sammeln Sie alles zu ihrem Thema verfügbare Material. Legen Sie ein Archiv aus Zeitschriftenartikeln, Fachliteratur, Tagungs- und Besprechungsprotokollen, Audio- und Videomaterial, Statistiken, Erhebungen, Berichten usw. an. Schaffen Sie einen Ideenpool. Bitten Sie Ihre Mitarbeiter bzw. Gruppenmitglieder, jede Idee zu notieren. Indem Sie Ideenfindung zur Zielvorgabe machen, halten Sie Ihre Mitarbeiter geistig beweglich und verhindern, daß sie in der täglichen Routine steckenbleiben.

❖ **Informationen auswerten**
Informationen auswerten heißt, Wichtiges von Unwichtigem zu trennen, auszuwählen und zu verdichten. Mit anderen Worten: Es kommt nicht auf die Stoffülle, sondern auf die Wichtigkeit der Information an. Die Gruppe soll in kürzester Zeit über Neuentwicklungen, Trends und den Stand der Problemlösung informiert werden. Die oberste Leitfrage für die Informationsauswahl lautet daher: »Was müssen wir wissen, um das Problem lösen zu können?«

❖ **Informationen präsentieren**
Präsentieren Sie das Informationsmaterial in – möglichst einheitlich gestalteten – Informationsblättern und Charts. Zur Weiterverarbeitung eignen sich Kurzreferate und Kleingruppenarbeit. Optimal ist eine kombinierte Darstellung, denn wir behalten das am besten, was wir sehen, hören *und selbst* tun. Denken Sie daran, Zahlenmaterial, aber auch abstrakte Zusammenhänge zu visualisieren. Für Zahlen eig-

✎ Checkliste »Informationen beschaffen«

Was müssen wir wissen?

_____

_____

_____

Welche Informationen müssen wir beschaffen?

_____

_____

_____

Wer kann Informationen beschaffen?

_____

_____

Hat man ähnliche Probleme schon in anderen Bereichen gelöst?

_____

_____

Welche Kenntnisse und Fähigkeiten von Experten sind erforderlich?

_____

_____

Wie lassen sich unüberschaubare Sachverhalte verständlich machen?

_____

_____

nen sich Diagramme (Balken-, Kuchen-, Kurven-Diagramme); andere Darstellungsformen sind Organigramme, Netzpläne usw. Auch sollte der Stand der Problemlösung stets dokumentiert werden. Ziele, Arbeitsergebnisse, Termine, Erfolge, Rückschläge, all das sollte für das Team in Übersichtstafeln und Visualisierungen jederzeit greifbar sein.

Ziele formulieren – Was wollen wir erreichen?

Sie haben das Problem und seine Ursachen analysiert und die Richtungen für mögliche Lösungswege bestimmt. Der letzte Schritt der Problemanalyse besteht darin, den Soll-Zustand festzulegen.

Weshalb sich Ziele setzen, und was bedeutet das konkret? Zunächst ist Zielesetzen wichtig, damit man weiß, was man erreichen möchte und welchen Endzustand man anstrebt. Selbstgesetzte Ziele erlauben die Kontrolle der eigenen Fortschritte, sie motivieren, dienen der Konzentration und setzen sogar unbewußte Kräfte frei, die zu ihrer Erreichung notwendig sind. Ziele sind wie unvollendete Gestalten, die nach Vollendung streben. Verschaffen Sie sich und der Gruppe daher Zielklarheit. Im Team muß Übereinstimmung herrschen über Prioritäten, jeder muß sich mit dem Ziel identifizieren können.

Welches Vorgehen eignet sich für die Zielformulierung?

> *»Ohne Ziel ist jedes Arbeitsergebnis gleich richtig oder gleich falsch.«*
> Lothar J. Seiwert

❖ **Ziele positiv formulieren**
   Positiv formulierte Ziele motivieren, negativ formulierte Ziele hemmen das Denken und die Kreativität. Probleme sollte man als Chancen und nicht als Schande betrachten. Formulieren Sie daher das Problem einfach als Ziel, etwa so:

   Problem: »ineffektive Meetings«
   Ziel: »effektive Meetings, die jedem etwas bringen«

❖ **Teilziele setzen**
   Jedes Ziel läßt sich in eine Anzahl von Teilzielen zerlegen. Wesentliche Vorarbeit haben Sie bereits mit der Problemanalyse und der Festlegung der verschiedenen Suchrichtungen geleistet, aus ihnen lassen sich Teilziele bestimmen, z.B.:

80

- Vorschläge für Besprechungsunterlagen ausarbeiten.
- Moderatorentraining durchführen.
- Diskussionsregeln ausarbeiten.
- Einen Ideen-Workshop zur Gestaltung von Mitarbeiterbesprechungen durchführen.

❖ **Ziele konkret formulieren**
Damit die vorgegebenen Ziele erreicht werden können, müssen sie möglichst konkret formuliert sein. Auf vage Fragen bekommt man nur vage Antworten. Greifen Sie wiederum auf die Ergebnisse Ihrer »Eisberg-Analyse« zurück und formulieren Sie daraus positive und konkrete Teilziele.

❖ **Hindernisse überwinden – Die Kraftfeldanalyse**
Jedes Problem hat sein Für und Wider. Bei der Kraftfeldanalyse nach Kurt Lewin geht es darum, positive und negative Kräfte zu erkennen, die bei einem Problem wirksam werden können. Wir werden sie im Verlauf des Problemlösungsprozesses noch öfter anwenden.

Kräfte treten als Gegensätze oder Hindernisse auf. Die Kraftfeldanalyse kennt daher zwei verschiedene Anwendungsarten:

❖ Gegensatz-Form: Was möchten wir? – Was möchten wir nicht?
❖ Hindernis-Form: Was steht uns im Weg? – Was können wir dagegen tun?

Führen Sie zum Abschluß Ihrer Zieldefinition eine Kraftfeldanalyse durch.

Kraftfeldanalyse		
Was wollen wir erreichen?	**Was steht uns im Weg?**	**Was können wir dagegen tun?**

Hilfsfragen für die Gruppe können sein:

– Können wir auf die Problemlösung selbst Einfluß nehmen, oder brauchen wir dazu das Einverständnis von (welchen...?) Personen?
– Können wir das Problem im Hause lösen, oder brauchen wir dazu die Hilfe von (welchen...?) Personen, Institutionen?
– Können wir das Problem in angemessener Zeit und zu angemessenen Kosten lösen?
– Wollen wir überhaupt das Problem lösen?

Tragen Sie diese Daten in ein Übersichtsplakat ein, so daß es die Gruppe stets als Orientierung für den weiteren Arbeitsprozeß vor Augen hat.

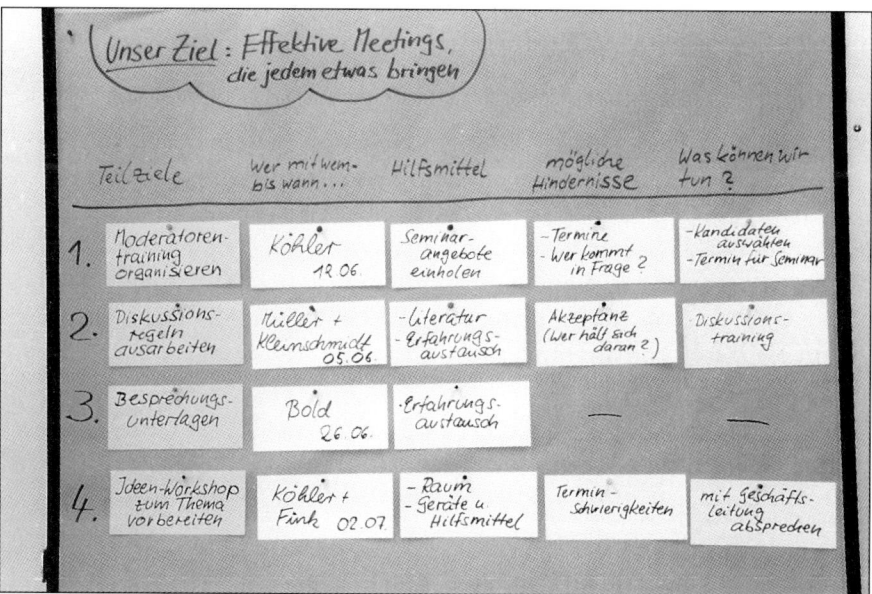

Zusammenfassung

❖ Diskutieren Sie mit der Gruppe, welches die anstehenden Probleme sind und welches Problem Sie bearbeiten möchten.
❖ Führen Sie ein Brainstorming zu einer geeigneten Fragestellung durch, und listen Sie sämtliche Problemaspekte (Sach- und Beziehungsaspekte) auf.

❖ Ordnen Sie die Brainstorming-Ideen nach systematischen Gesichtspunkten, und einigen Sie sich auf eine vorläufige Problemdefinition.

❖ Verfolgen Sie mit Hilfe der schrittweisen Abstraktion (»Eisberg-Regel«) den Werdegang der Problemursachen zurück bis zu deren Wurzel.

❖ Versuchen Sie, mit dieser Methode bzw. durch vertiefende Brainstormings noch mehr potentielle Ursachen ausfindig zu machen.

❖ Bewerten Sie mit Hilfe des Ursache-Wirkungs-Diagramms (Fischgrätdiagramm), welche Ursachen für das Problem am elementarsten sind.

❖ Bestimmen Sie anhand der verschiedenen Ursachenebenen die Suchrichtungen für mögliche Lösungen.

❖ Sammeln Sie alle das Problem betreffenden Informationen, werten Sie diese aus, und präsentieren Sie sie der Gruppe in einer anschaulichen Form.

❖ Definieren Sie Ziele, Maßnahmen und Prioritäten, wie Sie im weiteren Verlauf des Problemlösungsprozesses vorgehen wollen.

❖ Denken Sie auch über mögliche Hindernisse nach und wie Sie diese überwinden können.

Bevor Sie nun zum nächsten Abschnitt »Ideen finden« übergehen, bearbeiten Sie bitte die folgende Checkliste.

✗ Checkliste »Das Problem definieren«

	Ja	Nein
Hat die Gruppe zu einem gemeinsamen Problemverständnis gefunden?	☐	☐
Gab es »Aha«-Erlebnisse?	☐	☐
Ist die Gruppe motiviert, um an einer Lösung zu arbeiten?	☐	☐
Hat sich die Gruppe auf die Suchrichtung geeinigt?	☐	☐
Hat sich die Gruppe realistische Ziele gesetzt, um das Problem zu lösen?	☐	☐
Besteht Optimismus, das Problem lösen zu können?	☐	☐

4.2 Ideen finden

Nachdem Sie viel Zeit und Mühe darauf verwendet haben, die Problemursachen zu analysieren und die entsprechenden Suchrichtungen festzulegen, geht es jetzt darum, eine möglichst breite Ideenbasis für Lösungen zu entwickeln. Sammeln Sie so viele Ideen und Vorschläge wie nur möglich, achten Sie in dieser Phase aber darauf, daß es noch nicht zu einer Bewertung kommt. Bemühen Sie sich, das kreative Potential aller Beteiligten zu nutzen, d.h. beziehen Sie auch von dem Problem Betroffene mit ein. Folgende Methoden helfen Ihnen dabei, kreative Lösungen für ein Problem zu entwickeln:

❖ Brainstorming.
❖ Mind Mappping.
❖ Analogien.
❖ Geleitete Phantasien.
❖ Synektik.
❖ Die Zufallswort-Methode.
❖ Bilder und Collagen.

Brainstorming – Freier Fluß der Ideen

Das Brainstorming ist die bekannteste und wohl am häufigsten angewandte Methode zur Ideenfindung. Es gibt kaum ein Problem, auf das sich ein Brainstorming nicht gewinnbringend anwenden ließe. Sein Erfinder Alex Osborne, ein Werbefachmann, hat es in den dreißiger Jahren entwickelt, um Gruppen kreativer und effektiver zu machen. Warum das Brainstorming einen Siegeszug ohnegleichen in Kreativitatszirkeln und Problemlösungsgruppen antreten konnte, liegt auf der Hand, wenn wir uns der Hindernisse, kreativ zu sein, erinnern: Sein Hauptvorteil liegt nämlich in der Überlistung des einseitig analytischen, auf schnelle Lösungen hin ausgerichteten Denkens, zu dem wir ja alle mehr oder weniger neigen. Ein Brainstorming ist ein Akt des divergenten Denkens.

Nachdem der Moderator das Thema der Sitzung auf ein Flipchart geschrieben hat, sammeln die Gruppenmitglieder alle spontanen – auch die ungewöhnlichsten – Ideen dazu und werten sie danach aus.

Brainstormings werden in jeder Phase des Problemlösungsprozesses durchgeführt. Immer geht es dabei um das Generieren möglichst vieler Ideen statt um die Suche nach fertigen Lösungen. Damit ein Brainstorming erfolgreich verläuft, müssen bestimmte Regeln beachtet werden:

❖ **Kritik ist untersagt**
Die wichtigste Regel eines Brainstormings ist die geradezu inquisitorische Verbannung jeglicher Kritik. Jeder Teilnehmer kann seine Ideen vorbringen, ohne daß sie bewertet werden. Das ist zunächst leichter gesagt als getan. Denn haben wir nicht alle die berühmte »Schere im Kopf«, und stehen wir nicht mehr oder weniger unter dem Zwang, spontane Ideen und Einfälle automatisch zu bewerten? Hindert uns nicht die Angst, uns zu blamieren, daran, produktive Ideen zu entwikkeln, nach dem Motto: »Was sollen bloß die anderen denken, wenn ich das sage, was mir gerade einfällt?« Brainstormings fördern nur brauchbare Ergebnisse zutage, wenn sie in einem angstfreien Klima durchgeführt werden. In der Tat brauchen Brainstormingteams erst eine gewisse Anlaufphase, um wirklich frei assoziieren zu können. Dies setzt viel an gegenseitigem Vertrauen, spielerischer Neugier und gelockerter Gruppenatmosphäre voraus. Viele von »oben« verordnete Brainstormings (»Meine Damen und Herren, zu diesem wichtigen Thema werden wir Montag, zehn Uhr, ein Brainstorming durchführen ...«) führen zu nichts, weil diese Voraussetzungen fehlen.

❖ **Jede Idee ist willkommen**
Stimmen die Voraussetzungen für ein Brainstorming, dann steht dem Ideenfluß nichts mehr im Wege. Gerade im Überfluß an ausgefallenen Ideen zeigt sich die Stärke eines Brainstormings. Ist erst einmal das Kind im Manne und in der Frau geweckt, macht es den Beteiligten sichtlich Spaß, ihrer Phantasie freien Lauf zu lassen. Ein Einfall dient als Sprungbrett für den nächsten. So tauchen zu einer Idee immer wie-

der neue Aspekte auf. Die Aufgabe des Moderators, der übrigens am Brainstorming selbst nicht teilnimmt, besteht darin, die Teilnehmer zu möglichst ausgefallenen Einfällen zu ermutigen.

❖ **Je mehr Ideen, desto besser**
Die dritte Regel besteht darin, so viele Ideen zu produzieren wie nur möglich. Quantität steht ganz bewußt vor Qualität. Gut eingespielte Teams von fünf bis acht Teilnehmern generieren in zwanzig Minuten bis zu mehreren hundert Ideen.

❖ **Keine Idee darf verlorengehen**
Keine Idee, so absurd sie auch auf den ersten Blick erscheinen mag, darf verlorengehen. Jede Idee kann sich als wichtig herausstellen und sollte daher aufgeschrieben werden. Möglichkeiten, wie man die Ideen festhalten kann, sind: Protokoll führen, Tonband oder Videoaufzeichnungen machen, die nachträglich transkribiert werden. Manche Brainstormingteams arbeiten sogar mit Computern: Jeder tippt seine Vorschläge ein, und die Ideen erscheinen anonym auf einem Bildschirm. Zwei Techniken haben sich davon in der Gruppenarbeit besonders bewährt:

Zuruflisten
Zwei Schreiber notieren die ungeordneten Zurufe der Teilnehmenden im Reißverschlußverfahren (1. Zuruf 1. Schreiber, 2. Zuruf 2. Schrei-

ber, 3. Zuruf 1. Schreiber ... usw.). Der Moderator achtet darauf, daß kein Zuruf verlorengeht. Er schließt die Zurufliste ab, wenn der Ideenfluß versiegt.

Kartenabfrage
Die Gruppenmitglieder schreiben ihre Ideen auf (Moderations-)Karten und heften sie selbst an eine Pinwand. Die Karten können später leicht nach thematischen Gesichtspunkten geordnet werden.

❖ **Ideen müssen inkubiert werden**
Oft wird der Fehler gemacht, schon während oder sofort nach Beendigung eines Brainstormings mit der Bewertung der hervorgebrachten Einfälle zu beginnen. Dadurch wird nicht nur unnötiger Streß erzeugt, man verstößt damit auch gegen ein wichtiges kreatives Prinzip. Die Ideen müssen erst verdaut, sie müssen inkubiert werden. Deshalb sollte nach einem Brainstorming mehrere Tage – bis zu einer Woche – gewartet werden, bevor man eine erste Bewertung vornimmt. Während dieser Zeit sollte die Brainstormingliste an einem für alle zugänglichen Platz angebracht werden, so daß jederzeit neue Ideen hinzugefügt werden können. Dadurch bleibt der kreative Prozeß in Gang, man beschäftigt sich weiterhin mit dem Problem – und inkubiert es.

❖ **Ideen thematisch ordnen**
Nachdem das Problem inkubiert wurde und eventuell neue Ideen hinzugekommen sind, trifft sich die Gruppe erneut, um es weiter zu bearbeiten. Der nächste Schritt besteht in der thematischen Zuordnung der Brainstorming-Ideen, d.h., jede Idee sollte berücksichtigt, aber noch nicht bewertet werden. Suchen Sie nach Zusammenhängen, Querverbindungen, Ober- und Unterbegriffen:
– Lassen sich die Beiträge nach bestimmten Gesichtspunkten ordnen?
– Welche Punkte hängen miteinender zusammen?
– Lassen sich Kategorien bilden?
– Lassen sich die Kategorien hierarchisch anordnen?

Wie lange sollte ein Brainstorming dauern?

Die Erfahrung zeigt: In den ersten fünf bis zehn Minuten eines Brainstormings werden erst einmal spontane, themenfremde Ideen »abgeladen«. Darauf folgt eine Phase der Neuorientierung am Thema, die meistens zu originelleren und problemorientierten Einfällen führt. Über siebzig Prozent der guten Ideen werden in der letzten Hälfte eines Brainstormings geäußert. Nach spätestens dreißig Minuten sollte das Brainstorming abgebrochen werden, dann nämlich geht der Ideenfluß rasch zurück. Ein Brainstorming kann durch ein zweites – themenbezogenes – ergänzt werden, sollte aber zeitlich ebenfalls so begrenzt sein, daß es nicht in Schwafelei und Problemausdehnung ausartet.

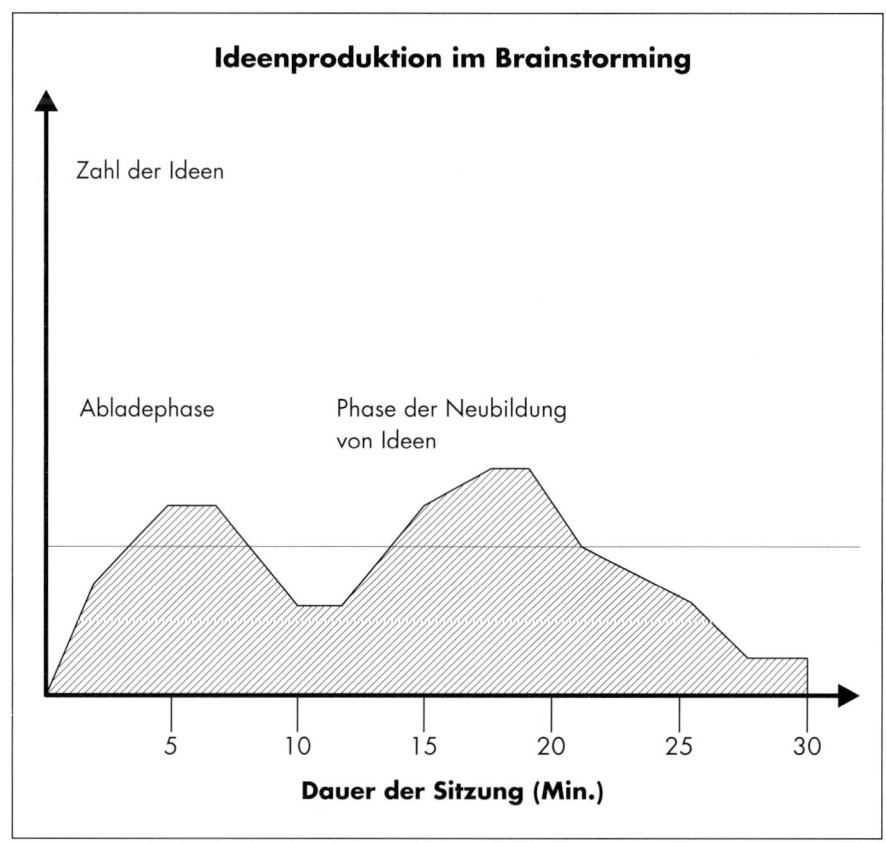

Ideenproduktion im Brainstorming

Zahl der Ideen

Abladephase

Phase der Neubildung
von Ideen

5   10   15   20   25   30

Dauer der Sitzung (Min.)

✎ **Übung**

Denken Sie über Möglichkeiten nach, den Müll in Ihrem Haushalt zu reduzieren. Führen Sie dazu ein Brainstorming durch.

_____

_____

_____

_____

_____

Mind Mapping – Spiel der Möglichkeiten

Eine Technik, die zu kreativen Ideen anregt, ist das Mind Mapping. Eingeführt wurde die Mind Map in den siebziger Jahren von dem Engländer Tony Buzan, ausführlich beschrieben wurde die Methode von Mogens Kirckhoff in seinem Buch »Mind Mapping, die Synthese von sprachlichem und bildhaftem Denken«. Mind Mapping ist eine Art visualisiertes Brainstorming.

Was sind die Vorteile dieser Methode?

Mind Maps verbinden, wie der Titel des Buches von Kirckhoff schon aussagt, sprachliches mit bildhaftem Denken und werden somit den Vorgängen in unserem Gehirn gerecht. Mind Maps

- verschaffen einen schnellen Überblick,
- entlasten somit das Gedächtnis,
- sind nahezu grenzenlos flexibel,
- regen zum kreativen Denken an,
- fördern verborgene Ideen zutage.

Diese Technik läßt sich überall dort anwenden, wo Ideen produziert werden, wo entworfen, geplant und konzipiert wird. Beispiele:

– Planung einer Urlaubsreise.
– Konzept für einen neuen Kundenservice.
– Ausstattung eines Aufenhaltsraumes u.v.a.m.

Wie funktioniert das Mind Mapping?

Mind Maps können allein oder in Gruppenarbeit erstellt werden. Wie beim Brainstorming bietet sich in der Gruppe die Zuruf- oder Kartenabfragetechnik an. Mit Hilfe des Mind Mapping lassen sich die Ideen eines Brainstormings auch nachträglich ordnen und in eine für jedermann sichtbare Form bringen. Hier können schon erste Zusammenhänge und Vernetzungen aufgezeigt werden. In jedem Fall erfordert das Mind Mapping etwas Übung, ist aber schnell erlernt. Darüber hinaus brauchen wir dazu die üblichen Hilfsmittel wie Pinwand, Packpapierbögen, Kärtchen, Filzschreiber usw. und die folgenden Regeln:

– Mind Maps entstehen immer im Mittelpunkt eines Papierblattes und breiten sich über die gesamte Fläche der Unterlage aus. In Gruppensitzungen empfiehlt sich der Gebrauch von großflächigen Packpapier- oder Flipchartblättern.
– Schreiben Sie Ihr Thema bzw. das Thema des Brainstormings als Schlüsselwort in das Zentrum der Unterlage, und zeichnen Sie einen Kreis darum.
– Zeichnen Sie, vom Zentrum ausgehend, die Hauptäste des Mind Map, und schreiben Sie auf jeden Hauptast das entsprechende Thema.
– Zeichnen Sie, ausgehend von den Hauptästen und je nach Komplexität des Themas, weitere Äste und Zweige ein.

Das ist das Grundmuster der Mind Map. Sie können beliebig viele Äste und Zweige zeichnen, je nachdem, wie umfangreich die Beiträge des Brainstormings sind und welchen Oberbegriffen sie sich zuordnen lassen. Da das Mind Map zu neuen Ideen und Einfällen anregt, kann es jederzeit ergänzt und verändert werden. Wie unser Denken sind Mind Maps eigentlich nie ganz fertig.

Weitere Tips für die Gestaltung von Mind Maps

- Schreiben Sie in Druckschrift und in Großbuchstaben, und vor allem schreiben Sie groß genug – so sind die Begriffe übersichtlich und gut lesbar.
- Arbeiten Sie am besten mit Pinwand und Kärtchen. So können Sie die Kärtchen jederzeit umplazieren und sind dadurch flexibel.
- Sie können auch mit Bildern, Skizzen oder Fotografien, mit denen Sie bestimmte Assoziationen verbinden, arbeiten.
- Verwenden Sie verschiedene Farben, um Verknüpfungen und Zusammenhänge sichtbar zu machen,
- Umrahmen Sie Ideen- und Assoziationsfelder.
- Hängen Sie die Mind Maps im Gruppenraum aus, so daß jederzeit neue Ideen hinzugefügt werden können.

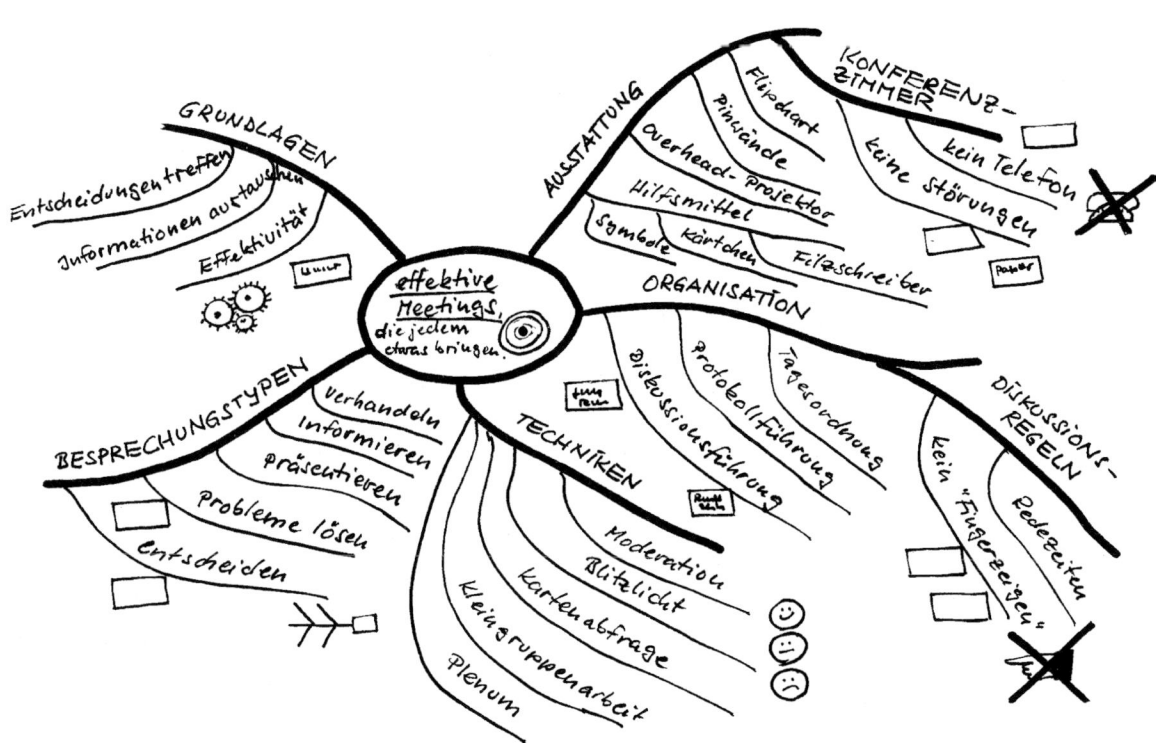

91

Analogien – »Wer sucht, der findet«

Viele große Denker, darunter kein geringerer als Sokrates, waren der Meinung, daß alles schon einmal dagewesen sei und daß man nur in der Natur, in der Geschichte oder in seinem eigenen Gedächtnis lange genug suchen müsse, um auf die Lösung für ein Problem zu kommen. Daran ist sicher etwas Wahres, jedoch bekommt man auf diese Weise die Antwort selten direkt, sondern in Form von etwas Ähnlichem, also als Gleichnis bzw. Analogie. Bekanntlich »hinkt« aber jeder Vergleich. Analogien liefern daher keine Patentlösungen, sondern dienen lediglich als Ideenquelle. Nur hat man es in diesem Falle nicht so schwer, denn es ist eben leichter, Ideen zu finden, wenn man sich vorher einmal umschaut, wo das Problem im Grundsätzlichen schon gelöst wurde. Dann kommt es nur noch darauf an, diese allgemeinen, noch nicht ohne weiteres verwertbaren Lösungen so zu verändern, daß sie auf das Ausgangsproblem angewendet werden können.

Wir unterscheiden drei verschiedene Arten von Analogien:

Direkte Analogie

> »Denn das Suchen und Lernen ist demnach ganz und gar Erinnerung.«
> Platon in »Menon«

Direkte Analogien sind solche aus Natur, Technik und Wissenschaft, also von überall dort, wo Probleme objektiv und gegenständlich gelöst wurden und wo man sich sozusagen *direkt* bedienen kann. Direkte Analogien spielen bei technischen Entwicklungen eine große Rolle, man denke z.B. an die äußere Ähnlichkeit eines Haifisches und eines modernen Düsenjets. Für die Flugzeugkonstrukteure bot sich dieser direkte Vergleich an, weil sich sowohl Fische als auch Flugzeuge in Medien mit ähnlichen physikalischen Eigenschaften (Wasser – Luft) fortbewegen.

Untersucht man Vorgänge, Strukturen und Mechanismen in der Natur und leitet daraus Denkanstöße für das Lösen technischer, organisatorischer und menschlicher Probleme ab, spricht man von *Bionik*. Ihr Erfinder J.E. Steele hat diese Methode in den fünfziger Jahren entwickelt, als er den Versuch unternahm, die Arbeitsweise des menschlichen Gehirns auf Probleme der technischen Informationsverarbeitung zu übertragen. Analogien können natürlich aus ganz unterschiedlichen Bereichen stammen:

So kann etwa das Studium historischer Schlachten Anregungen für eine neue Marketingstrategie geben. Ein Grundkurs in Systemtheorie kann einem Fertigungsteam neue Impulse geben.

Bionik bzw. die Bildung direkter Analogien läuft folgendermaßen ab:

❖ Alle bisherigen Schritte (Problemdefinition, Brainstorming-Ideen) werden noch einmal zusammengefaßt.

❖ Ausgehend von der Frage: »Wo konkret wurde unser Problem bereits in der Natur, in der Technik oder in Verfahrensweisen gelöst?«, wird nach sämtlichen direkten Analogien gesucht, die es zu dem Thema gibt.

❖ Nun läuft ein zweites Brainstorming ab. In dieser Phase greift der Moderator ein gefundenes Beispiel nach dem anderen heraus und stellt zu jedem die Frage: »Wie kann man diesen Lösungsweg auf unser spezielles Problem anwenden?« So werden Schritt für Schritt für jedes Beispiel so viele Ideen wie nur möglich gesammelt.

❖ Die vierte und letzte Maßnahme besteht darin, diese Ideen auf das Problem anzuwenden.

✎ **Übung**

Überlegen Sie, welches Tier aufgrund seiner Eigenschaften als Modell für einen Geländewagen dienen könnte. Listen Sie alle Eigenschaften des Tieres auf, und fragen Sie, welche davon zur besseren Geländegängigkeit in ein Auto eingebaut werden könnten.

_____

_____

_____

_____

_____

Persönliche Analogie

Hierbei handelt es sich um persönliche Phantasieprodukte, sie sind individuell und daher nicht objektiv. Bei ihnen geht es nicht um eine rationale, sondern um eine subjektive, emotionale Beschreibung eines Problems. Waren Sie schon einmal ein Stuhl? ... eine Zylinderkopfdichtung? ... ein Indianerhäuptling? ... eine (angeblich) fälschungssichere Kreditkarte? ... ein Neuron im Nervengeflecht eines menschlichen Gehirns? Manchmal ist es wichtig, sich in eine Problemursache oder Lösung emotional hineinzuversetzen. Dadurch tauchen oft neue, ungeahnte Aspekte und Ideen auf. Lesen Sie im nächsten Abschnitt, wie man zu diesen und anderen Themen eine geleitete Phantasie durchführen kann.

Symbolische bzw. verfremdete Analogie

Bei der Methode der verfremdeten bzw. symbolischen Analogie geht es darum, sich von einer gewöhnlichen Betrachtungsweise zu lösen, und zwar noch mehr als bei allen anderen Kreativmethoden. Symbolische Analogien werden überall dort eingesetzt, wo man sich schon »am Ende der Fahnenstange« wähnt, wo man nach menschlichem Ermessen keine neuen Ideen mehr produzieren kann. Es wird nach Metaphern, Bildern und Gleichnissen gesucht, die einen Ursprungsbegriff bzw. eine Problemdefinition ersetzten. So ließe sich beispielsweise der Begriff »Meeting« ersetzen durch: Ratsversammlung, Vogelzug, Gestirn. Zu diesen Begriffen werden nacheinander Assoziationen gebildet, in Form eines Brainstormings oder einer persönlichen Analogie (»Wie fühle ich mich als Zugvogel ... Planet am Abendhimmel ... usw.?)

Ein weiteres Mittel der symbolischen Analogie sind sogenannte paradoxe Umschreibungen (z.B. führerlose Macht, arbeitsamer Urlaub oder: an Besprechungen teilnehmen, ohne physisch anwesend zu sein). Dabei geht es um die Auflösung von – scheinbaren – Gegensätzen. Eine »führerlose Macht« könnte z.B. von einer gemeinsamen Zielvision ausgehen, ein »arbeitsamer Urlaub« könnte bedeuten, ein Projektteam für eine Woche auf eine Mittelmeerinsel zu schicken, um dort einen neuen Produktnamen zu entwickeln, und eine Konferenzschaltung könnte die Lösung für weit verstreute Arbeitsteams sein.

Geleitete Phantasien – »Wenn ich der König wäre ...«

Phantasieren ist etwas, was jedermann tut, aber nur wenige verstehen es, einen Nutzen daraus zu ziehen. Für die meisten nämlich sind Phantasien wie ungebetene Besucher, die sie ablenken, und nicht wie kreative Freunde, die sie inspirieren. Dabei sind Phantasien wichtige Voraussetzungen für den kreativen Prozeß und eine schier unerschöpfliche Ideenquelle.

Phantasien erlauben uns, die Grenzen der äußeren Welt zu überschreiten, Raum und Zeit zu überwinden, uns an Orte zu begeben, zu denen wir normalerweise nicht gelangen, uns, je nach Belieben, in Vergangenheit, Gegenwart oder Zukunft zu versetzten, Dinge aus verschiedenen Perspektiven wahrzunehmen und selbst sogar verschiedene Formen und Zustände anzunehmen. Phantasien können uns helfen, zu außergewöhnlichen Ideen und Einsichten zu kommen, die emotionale, affektive Seite eines Problems zu begreifen und somit zu einem sehr viel umfassenderen, ganzheitlichen Problemverständnis zu gelangen.

Damit geleitete Phantasien als echte Inspirationsquelle dienen, müssen einige grundlegende Dinge beachtet werden:

– Phantasien sind rechtshemisphärische Aktivitäten, die wir nur im entspannten Zustand herbeiführen können.
– Wie bei einer Reiseplanung sollte das Ziel bzw. der Gegenstand der Phantasie bekannt sein.
– Wichtig vor Antritt der »Reise« ist, daß man sich auf die Perspektive, die man in der Phantasie einnimmt, festlegt. Es macht einen Unterschied, ob man Beobachter ist oder sich direkt mit dem Gegenstand identifiziert: Man kann ein Molekül von außen betrachten, oder man kann selbst ein Molekül sein. Man kann die Wirkung einer neuen Serviceleistung auf den Kunden aus der Perspektive eines neutralen Beobachters erfahren oder indem man sich in die Rolle des Kunden hineinversetzt. In dem einen Fall handelt es sich um eine Beobachterphantasie, im anderen um eine Identifikationsphantasie.
– Gelenkte Phantasien in einer Gruppe bedürfen der sorgfältigen Vorbereitung und Durchführung durch den Gruppenleiter bzw. Moderator.

Eine geleitete Phantasie umfaßt folgende Schritte:

❖ Vorbereitung.
❖ Entspannung und Einstieg.
❖ Durchführung der Phantasiereise.
❖ Austausch und Auswertung.

Vorbereitung

Wählen Sie einen Ort, der bequem und ruhig ist. Sorgen Sie für einen gleichbleibend niedrigen Geräuschpegel, eine angenehme Raumtemperatur und angemessene Lichtverhältnisse. Die Beleuchtung sollte weder zu hell noch zu dunkel sein, gedämpftes Licht eignet sich am besten.

Wählen Sie für die geleitete Phantasie einen Zeitpunkt aus, an dem die Gruppe nicht zu sehr gehetzt ist, also nicht unmittelbar nach Mahlzeiten, anstrengenden Arbeitsphasen oder zu spät abends, wenn die meisten schon müde sind. Geben Sie einen ausreichenden Zeitrahmen: mindestens drei Stunden.

Bereiten Sie geeignete Texte zur Entspannung, Einstimmung und zur eigentlichen Phantasiereise vor und sprechen Sie diese zur Selbstkontrolle auf ein Tonband.

Fragen Sie sich:

– Was ist das Ziel der Phantasie?
– Welches Material will ich hineinnehmen?
– Welche Perspektive sollen die Teilnehmer einnehmen? Wird es eine Beobachter- oder Identifikationsphantasie werden?
– Womit sollen sich die Teilnehmer identifizieren, was sollen sie beobachten?

Entspannung und Einstieg

Die Einstiegsphase dient dazu, einen Zustand der völligen Entspannung und Aufmerksamkeit zu erreichen und alle störenden Gedanken und Ablenkungen auszuschalten. Beginnen Sie mit einer progressiven Muskelentspannung. Der folgende Text zeigt Ihnen eine Möglichkeit, wie Sie vorgehen können.

Entspannungsübung

»Bringen Sie Ihren Körper in eine bequeme Position, wo Sie sich gut entspannen können ... dann schließen Sie Ihre Augen ... achten Sie auf Ihre Atmung ... verändern Sie nichts an Ihrer Atmung, nehmen Sie einfach wahr, wie die Luft hinein- und hinausgeht ... lassen Sie den Sauerstoff weit in Ihren Körper hinein, aber pressen Sie nicht ... spüren Sie Ihre Füße ... beginnen Sie sich zu entspannen, lassen Sie sie schwer werden ... lassen Sie diese schwere Entspanntheit in Ihre Füße wandern ... durch die Knie ... in die Hüften ... über Ihren ganzen Körper ... stellen Sie sich vor, daß sich die Entspannung über den ganzen Körper ausbreitet ... den Magen erfüllt ... Brust ... Rücken ... Schultern ... lassen Sie Ihre Arme sich entspannen ... Ihre Hände ... spüren Sie, wie sich Ihr Hals entspannt ... Ihr Gesicht ... wie Ihr Kiefer lose wird, weich ... Ihre Lippen ... Ihr Kinn ... Ihre Augen ... die Stirn ... Ihre Kopfhaut ... nehmen Sie weiterhin wahr, wie Sie atmen, und nehmen Sie sich ein bißchen Zeit, das Gefühl in Ihrem ganzen Körper zu genießen, bevor wir unsere Phanatsiereise beginnen.« (Aus: G. Fatzer 1987)

Als nächste Übung werden die Teilnehmenden dazu aufgefordert, sich einen Gegenstand, ein Tier oder eine Pflanze vorzustellen. Im Anschluß daran sollen sie berichten, was sie sich vorgestellt haben und wie sie das Vorstellungsobjekt wahrgenommen haben. Der Austausch kann durch folgende Fragen angeregt werden:

- »Was haben Sie wahrgenommen?«
- »Welche Größe, welche Farbe hatte Ihr Vorstellungsobjekt?«
- »Gab es einen Vorder- und Hintergrund?«
- »Gab es noch andere Objekte?«
- »Haben Sie Gerüche und Geräusche wahrgenommen?«
- »Haben Sie in Ihrer Phantasie das Objekt berührt ... wie fühlte es sich an?«

Die Teilnehmenden werden sich bewußt, daß man in der Phantasie *alle* Sinneswahrnehmungen machen kann. Sie können auch die folgende Einstiegsübung verwenden.

Einstiegsübung

»Öffnen oder schließen Sie die Augen, wie Sie es wollen ... Versuchen Sie jetzt, sich einen roten Kreis oder Ball vorzustellen ... Nehmen Sie sich genügend Zeit dafür ... lassen Sie diesen Kreis oder Ball erst größer und dann kleiner werden ... bis er verschwindet ... Stellen Sie sich jetzt ein blaues Quadrat vor ... lassen Sie es ebenfalls größer und kleiner werden ... bis es ebenfalls verschwindet ... Nun stellen Sie sich ein gelbes Dreieck vor ... machen Sie es größer und dann immer kleiner und kleiner, bis auch es verschwindet ... Öffnen Sie jetzt Ihre Augen wieder, falls Sie sie geschlossen hatten.« (Aus: G. Fatzer 1987)

Durchführung der Phantasiereise

Phantasiereisen können für die verschiedensten Zielsetzungen verwendet werden. Sie können z.B. zur Stimulation eines Suchprozesses, für die gedankliche Umsetzung einer gefundenen Lösung oder zur geistigen Vorwegnahme von Hindernissen oder Schwierigkeiten eingesetzt werden. Die Themen können aus jedem beliebigen Bereich stammen.

Die folgenden Beispiele beschäftigen sich mit der Frage nach der »idealen« Organisation. Jeder von uns hat eine Vorstellung von der Idealorganisation, in der er gerne arbeiten möchte. Jeder würde sie auch sofort in die Wirklichkeit umsetzen, wenn er die Macht dazu hätte. Die folgenden Übungen geben den Teilnehmenden die »Macht« dazu, wenn auch nur in der Phantasie. Trotzdem stecken sehr viele realisierbare und vernünftige Ideen in solchen Phantasien.

Übungsbeispiele

»Der Besuch vom Mars«
»Stellen Sie sich vor, Sie verwandeln sich in einen Marsmenschen und besitzen die Gabe der vollkommenen Kommunikation, d.h., Sie können die Gedanken Ihrer Mitwesen sofort erkennen. Sie kehren zur Erde zurück und statten Ihrer Familie, Ihrem Betrieb oder Ihrem Freundeskreis einen Besuch ab. Welchen Bericht über die menschliche Kommunikation und ihrer Schwierigkeiten würden Sie an die ›oberste Ethik-Behörde‹ auf dem Mars senden?«

»Wenn ich der König wäre ... ?«
»Viele von uns würden viele Dinge, Gegebenheiten und Abläufe in ihrer Organisation ändern, wenn sie nicht Angst hätten, die anderen würden diese Vorschläge verwerfen, schlecht finden und bekämpfen. Stellen Sie sich vor, Sie wären in Ihrer Organisation König und könnten solche Veränderungen einführen. Stellen Sie eine Liste von zehn Dingen zusammen, die Sie verändern möchten. Es wäre so, daß Ihnen niemand irgendwelchen Widerstand entgegenbringen würde. Spielen Sie den König in seiner ganzen Souveränität, der die Organisation nach seinem Gutdünken verändern könnte.«

(Das zweite Beispiel stammt aus: G. Fatzer 1987)

Austausch und Auswertung

Nachdem die Teilnehmenden zum normalen Wachzustand zurückgekehrt sind, ist ein »grounding« (auf den Boden bringen) und ein »processing« (Reflektieren) dieser Erfahrung notwendig. Geben Sie den Teilnehmenden daher genügend Zeit, sich wieder im Hier und Jetzt einzufinden. Ebenso wie Träume haben Phantasieerfahrungen die Tendenz, sich zu verflüchtigen, wenn sie nicht irgendeiner Form festgehalten und weiterverarbeitet werden. Regen Sie einen Austausch zu den gemachten Phantasieerfahrungen an. Achten Sie aber darauf, daß diese in keiner Weise nach gut oder schlecht bewertet werden. Hilfreich können folgende Fragen sein:

– »Was haben Sie gesehen?«
– »Was haben Sie gefühlt?«
– »Welche Erfahrungen haben Sie gemacht?«
– »Was haben Sie daraus gelernt? Was möchten Sie anders machen?«

Weitere Möglichkeiten der Nachbearbeitung sind: Rollenspiele, Pantomimen, Bilder und Collagen anfertigen. Halten Sie wie immer neue Ideen, Kernaussagen und Erfahrungen schriftlich fest.

Synektik – Die Lösung liegt auf einem anderen Stern

Mit den Mitteln der Analogie und Phantasie arbeitet die Synektik. Der Kreativitätsforscher William J.J. Gordon hat die synektische Methode in den vierziger Jahren entwickelt, nachdem er Hunderte von Wissenschaftlern und Künstlern nach dem Geheimnis ihrer schöpferischen Arbeit befragt hat. Das Wort Synektik stammt aus dem Griechischen und bedeutet soviel wie: Gegensätzliches und Auseinanderliegendes zusammenbringen. Die Synektik verbindet logisch-analytisches Vorgehen mit intuitiv-assoziativen Methoden. Dieses Verfahren wird meistens zur Lösung technischer Probleme bei neuen Produkten, in der Werbung und im Marketing angewendet, es eignet sich aber auch für die Bearbeitung organisatorischer und sozialer Probleme.

Die grundlegenden Verfahrensregeln der Synektik sind die folgenden:

– Zunächst wird das Problem definiert, es wird das vorhandene Wissen angewendet und in einem Brainstorming nach neuen Ideen gesucht.
– Danach sucht man nach problemverwandten Analogien und Strukturen.
– Im weiteren Verlauf versucht man, sich von dem Problem immer mehr zu lösen, beispielsweise durch symbolische und verfremdete Analogien, durch paradoxe Umschreibungen usw.
– Am Schluß kehrt man wieder zum Problem zurück und wendet die gefundenen Ideen an.

Wie bei keiner anderen Kreativtechnik spielt bei der Synektik laterales Denken eine Rolle. Eine synektische Sitzung läuft in folgenden Schritten ab:

❖ **Problemstellung**
Beispiel: Eine bessere Kommunikation zwischen Mitarbeitern und Vorgesetzten soll erreicht werden. Der Auftragsteller, auch »Experte« genannt, gibt der Gruppe eine ausführliche Darstellung des Problems. Das Problem wird von den Teilnehmern diskutiert, bis jeder ein umfassendes Verständnis davon gewonnen hat. Dazu finden laufend Erläuterungen seitens des »Experten« statt.

❖ **Spontanreaktionen**
Zu der Frage »Was fällt Ihnen zur Lösung des Problems ein?« führt die Gruppe ein Brainstorming durch, das schon erste Lösungsansätze hervorbringt. Dies geschieht jedoch weniger im Hinblick auf eine abschließende Lösung, sondern um den ersten Ideenschub loszuwerden.

❖ **Neuformulierung des Problems**
Die Brainstormingideen werden geordnet. Das Problem wird analysiert und mit Hilfe der *schrittweisen Abstraktion* auf seine Hauptursachen zurückgeführt. Beispielsweise wird erkannt, daß die Vorgesetzten keinen einheitlichen Führungsstil vertreten und widersprüchliche Anordnungen geben. Die Neuformulierung des Problems könnte dann lauten: »Wie schaffen wir einen einheitlichen Führungsstil?«

Clustern

❖ **Direkte Analogien**
Im weiteren Verlauf wird nach direkten Analogien aus der Natur, Technik oder Verfahrensweisen gesucht. Betrachtet man Führung als eine Form der Regelung, könnte man in der Arbeitsweise technischer oder natürlicher Regelsysteme, beispielsweise bei Thermostaten oder im Gruppenverhalten von Tieren, nach ähnlichen Funktionsmechanismen für das Problem Ausschau halten.

❖ **Persönliche Analogien**
Sie dienen dazu, sich mit dem Problem noch mehr – auch emotional – zu identifizieren und gleichzeitig eine Problemverfremdung zu erreichen. Die Teilnehmenden versuchen, sich mit einer der gefundenen Lösungen zu identifizieren und Antworten auf die Fragen zu finden wie beispielsweise: »Wie fühle ich mich als Temperaturregler in einem Thermostaten?« oder: »Wie fühle ich mich als Mitglied einer zerstrittenen Affenhorde?« Zu einer dieser Fragestellungen führt die Gruppe eine geleitete Phantasie durch.

❖ **Symbolische Analogien**

Durch symbolische bzw. verfremdete Analogien soll noch mehr Problemdistanz erreicht werden. In dieser Phase versuchen die Gruppenmitglieder Widersprüche und Gegensätzlichkeiten in der Problemstellung zu überwinden, indem sie vom Leiter vorgegebene sprachliche Paradoxien, wie beispielsweise »führerlose Macht«, »gefesselte Unabhängigkeit«, »vertrauensvolle Kontrolle« usw., bearbeiten.

❖ **Force-Fit-Phase**

In der letzten Phase werden sämtliche Einfälle, Ideen und Betrachtungsmerkmale auf die ursprüngliche Aufgabenstellung zurückgeführt und angewendet. Ein Lösungsvorschlag zu dem Problem könnte lauten: Ein möglichst flexibler Führungsstil im Rahmen des »Management by objectives« (Führen durch Zielvereinbarungen).

Die Synektik ist mehr als nur ein Verfahren zur Ideenfindung. Sie ist im Grunde eine in sich geschlossene Problemlösemethode und geht über das Brainstorming weit hinaus. Synektik ist zweifellos sehr anspruchsvoll und relativ zeitaufwendig, sie kann von mehreren Stunden bis zu mehreren Tagen dauern. Synektik setzt außerdem voraus, daß der Leiter und die Gruppe mit der Methode vertraut sind. Für Anfängergruppen ist sie daher weniger geeignet. Wer sie jedoch beherrscht, verfügt über eine Technik, um zu wirklich umfassenden und ganzheitlichen Problemlösungen zu kommen.

✎ **Übung**

Denken Sie über Möglichkeiten der Wiederverwendung von alten Tennisbällen nach. Gehen Sie nach der synektischen Methode vor.

_____

_____

_____

_____

_____

Zufallswortmethode – Was hat ein Elefant mit einer Verkehrsampel zu tun?

Manchmal kommt es vor, daß man sich im Problemlösungsprozeß festgefahren hat und nicht mehr weiterweiß. In dieser Situation kann die Zufalls- bzw. Reizwortmethode weiterhelfen. Sie dient dazu, eingefahrene Bahnen des Denkens zu verlassen, indem zufällige Begriffe als Sprungbrett für neue Ideen genutzt werden. Der Trick besteht darin, einen beliebigen Begriff zu wählen, der mit dem Problem überhaupt nichts zu tun hat. Damit die Begriffe nicht unbewußt aus dem Problemumfeld gewählt werden, wird beispielsweise ein Gruppenmitglied aufgefordert, eine beliebige Seite eines Lexikons aufzuschlagen und mit geschlossenen Augen auf ein Hauptwort zu deuten. Zu diesem Stichwort werden alle möglichen Assoziationen gebildet und zuletzt auf das Problem angewendet. Die Reiz- bzw. Zufallswortmethode ist eine provokative Strategie, deshalb ist es kein Nachteil, wenn die Begriffe möglichst weit hergeholt sind.

Angenommen, eine Firma, die Verkehrsampeln herstellt, wird beauftragt, ein neues Modell für besonders gefährdete Verkehrskreuzungen in Großstädten zu entwickeln. Ein Brainstormingteam wird einberufen. Man einigt sich darauf, die Reizworttechnik anzuwenden. Mit Hilfe der »Lexikonmethode« stößt man auf das Wort Elefant. Der Moderator schreibt den Begriff auf das Flipchart, der kreative Prozeß beginnt. Es werden die folgenden Eigenschaften und Merkmale eines Elefanten notiert:

– Der Elefant hat einen Rüssel, der nach allen Seiten beweglich ist.
– Mit dem Rüssel kann der Elefant trompeten und sich sauberspritzen.
– Ein Elefant hat große Augen und noch größere Ohren.

Und hier die Ideen, die man daraus für eine Verkehrsampel ableiten könnte:

– Die neue Verkehrsampel ist an einem höhenverstellbaren Arm befestigt, der in Notfällen als Straßensperre dienen kann.
– Sie verfügt über eine Wisch-wasch-Anlage und kann akustische Signale aussenden.
– Sie ist mit einer Videokamera und mit einer Wechselsprechanlage ausgestattet.

Man sieht, ein einziges Reizwort kann zu einer ganzen Reihe von brauchbaren Ideen führen. Um die Ausbeute zu vergrößern, kann man mehrere Zufallswörter – zehn, zwanzig oder mehr – zu einem Thema wählen. Irgendwann läßt der Provokationswert aber nach, dann sollte man sich wieder anderen Methoden zuwenden.

Machen Sie einmal die folgende Übung, und sehen Sie, was daraus entsteht.

✎ Übung

Zufallswort	Anwendungsgebiet	Einfälle, Assoziationen
Papagei	Konzeption eines Freizeitparks	
Pinwand	Verkehrsleitsystem	
Luftballon	Finanzierung einer Immobilie	
Zeitung	Büroeinrichtung	

Bilder und Collagen – Ein Bild sagt mehr als tausend Worte

Im Abschnitt über geleitete Phantasien haben wir uns mit der Frage nach der »idealen« Organisation beschäftigt. Die Bedeutung von Zielvisionen für Arbeitsteams werden immer noch unterschätzt. Die Antwort auf die Frage »Wohin wollen wir?« gibt einen Ausblick auf die Zukunft, ohne den ein sinnerfülltes und zielorientiertes Zusammenarbeiten kaum möglich ist.

Die Gruppenmitglieder stehen jedoch manchmal vor dem Problem, ihre persönlichen Vorstellungen über das »was ist« und »wie es sein sollte« in die richtigen Worte zu fassen. Geht es zum Beispiel um Themen wie: »Wie sehen wir die Gegenwart und die Zukunft unseres Unternehmens?« oder: »Ein Betriebsklima, wie wir es uns wünschen«, also um verbal schwierig darzustellende Sachverhalte, eignet sich die Bild- bzw. Collagetechnik. Bilder und Collagen können auch ein probates Mittel sein, um zwischenmenschliche Konflikte oder Mißstände in Arbeitsabläufen zu verdeutlichen. Was sonst unausgesprochen bliebe, kann durch die bildhafte Darstellung sichtbar gemacht werden. Themen, die einmal visualisiert sind, lassen sich später leichter in Worte fassen und werden dadurch einer Analyse zugänglicher. Bilder und Collagen können somit helfen, Denk- und Kommunikationssperren zu überwinden. Außerdem werden durch das gemeinsame kreative Arbeiten das Wir-Gefühl in der Gruppe und die Identifikation mit der Zielvision gestärkt.

Voraussetzung für die gemeinsame Arbeit an Bild und Collage sind eine absolut spannungsfreie Gruppenatmosphäre, geeignete Räumlichkeiten, ein großzügiger Zeitrahmen und die folgenden Hilfsmittel:

- Packpapierbögen/Flipchartblätter,
- Filzstifte in verschiedenen Farben und Größen,
- Pinwände,
- Arbeitstische,
- alte Zeitungen und Zeitschriften mit unterschiedlichen Sujets,
- Scheren,
- Klebematerial.

Gehen Sie in folgendermaßen vor:

❖ Erklären Sie den Sinn und Zweck des Bildermachens. Sorgen Sie mit Humor für eine gelockerte Gruppenatmosphäre.

❖ Stellen Sie einen geeigneten Raum zur Verfügung. Der Raum sollte groß genug sein, um sich darin frei bewegen zu können. Oft werden großformatige Bilder bzw. Collagen auf dem Fußboden angefertigt, wo man um sie herumlaufen und sie von allen Seiten betrachten kann.

❖ Halten Sie die erwähnten Arbeits- und Hilfsmittel in ausreichender Zahl bereit.

❖ Die wichtigsten Eindrücke, Erkenntnisse, Ideen und weiterführenden Vorschläge werden auf ein Flipchart geschrieben und diskutiert.

Bevor Sie nun zum nächsten Abschnitt »Auswählen« übergehen, bearbeiten Sie bitte die folgende Checkliste.

✎ **Checkliste**

Welche der dargestellten Methoden eignet sich für unser Problem am besten?

_____

_____

Mit welcher Methode bekommen wir die Wurzel des Problems zu packen?

_____

_____

Gibt es Möglichkeiten, die verschiedenen Methoden miteinander zu kombinieren?

_____

_____

Sollten wir eine Methode nochmals anwenden?

_____

_____

Haben wir uns strikt an die Regel gehalten, keine der Ideen zu bewerten?

_____

Wurden alle Ideen und Lösungsvorschläge festgehalten?

_____

4.3 Auswählen

Sie haben sich intensiv mit dem Problem beschäftigt und sind, bildhaft gesprochen, schon in die Zielgerade eingelaufen. Ging es in der Phase der Ideenfindung darum, möglichst viele Ideen und Lösungsansätze zu entwickeln, also um Quantität, so geht es jetzt um Qualität. Aus den gesammelten Ideen, Einfällen und Lösungsalternativen sollen die geeignetsten ausgesiebt und auf ihre Realisierbarkeit hin überprüft werden. Diese Phase im Problemlösungsprozeß ist daher konvergent, d.h. auf ein Ziel hin ausgerichtet und bewertend.

Versuchen Sie in den Prozeß der Entscheidungsfindung wiederum betroffene Personen einzubinden. Es ist schon vorgekommen, daß an sich richtige Entscheidungen deshalb nicht in die Tat umgesetzt wurden, weil sie nicht von allen Beteiligten mitgetragen wurden. Sie sollten Ihre Wahl deshalb nicht nach dem Zufallsprinzip treffen, sondern sich bewährter Methoden bedienen, die im folgenden näher beschrieben werden. Das sind:

❖ PMI-Methode – Plus, Minus und Interessantes.
❖ Der Morphologische Kasten.
❖ Erfolgskriterien festlegen.
❖ Kosten-Nutzen-Analyse.
❖ Pro und Kontra.
❖ Gruppen-Delphi.

Die PMI-Methode – Plus, Minus und Interessantes

Wenn Sie sich die Menge der Ideen und Lösungsvorschläge, die sich inzwischen angesammelt haben, ansehen, werden Sie vielleicht resigniert fragen: »Wie können wir Ordnung in dieses Chaos bringen?« Ein einfaches Verfahren, mit dem Sie brauchbare und interessante Lösungsansätze von unbrauchbaren selektieren, stellt die PMI-Methode (Plus, Minus, Interessantes) von Edward de Bono dar.

Machen Sie auf einer Pinwand/einem Flipchart (auf einem Blatt Papier, wenn Sie allein arbeiten) drei Spalten, und tragen Sie in die erste alle wichtigen (Plus-)Ideen, in die zweite alle unbrauchbaren (Minus-)Ideen und in die dritte Spalte alle diejenigen Ideen ein, die Sie für interessant halten und mit denen Sie sich zu einem späteren Zeitpunkt noch einmal intensiv beschäftigen möchten. Die Kategorie »interessante Ideen« hat gegenüber nur zwei Spalten den Vorteil, daß außergewöhnliche Vorschläge, die sich nicht eindeutig zuordnen lassen, mit berücksichtigt werden können.

Übrigens: Wenn Sie bisher der Empfehlung gefolgt sind, mit der Kartenabfragemethode zu arbeiten, ersparen Sie sich jetzt viel Zeit und Schreibarbeit, da Sie die beschrifteten Kärtchen einfach umhängen können. Denken Sie auch daran, daß es sich bei der PMI-Methode um eine Vorauswahl handelt, und vergessen Sie nicht, wirklich alle Ideen und Lösungsvorschläge zu verwerten. Sie könnten später noch eine Rolle spielen.

PMI-Methode		
Plus-Ideen	**Minus-Ideen**	**Interessante Ideen**

Der Morphologische Kasten – Auswahl durch Kombinieren

Auch wenn Sie – zum Beispiel mit Hilfe der PMI-Methode – schon kräftig unbrauchbare Ideen ausgesiebt haben, werden Sie feststellen, daß es immer noch eine ganze Menge brauchbarer und interessanter Lösungsansätze gibt. Viele dieser Vorschläge stehen durchaus nicht im Gegensatz zueinander, im Gegenteil, sie ergänzen einander und lassen sich miteinander kombinieren. Dadurch ergeben sich ganz neue, nicht vorhergesehene Alternativen. Die Möglichkeit, Teillösungen miteinander zu kombinieren, bietet Ihnen der »Morphologische Kasten«, auch Ideenraster genannt. Sein Erfinder, der Schweizer Ingenieur Fritz Zwicky, hat diese Methode in den vierziger Jahren für den Flugzeug- und Raketenbau entwickelt.

Morphologie ist die Lehre von der Gestalt und der Struktur. Bei der morphologischen Analyse wird das zu lösende Problem zunächst in seine einzelnen Komponenten, auch Parameter genannt, zerlegt und danach die optimale Variante ausgewählt. Die einzelnen Parameter für das Problem »Autokauf« können folgende sein: Fahrzeugart, Anschaffungspreis, Spritverbrauch, Steuerklasse, Kraftstoffart, Finanzierungsart, Extras usw. Zu jedem dieser Parameter wird nach möglichen Lösungen bzw. Variablen gesucht. Wenn Sie nun wissen wollen, wie Ihr zukünftiges Auto aussehen soll, brauchen Sie nur noch anhand Ihres Ideenrasters auszuwählen.

Beispiel: Autokauf	
Elemente/ Parameter	**Lösungsvorschläge/Optionen**
Art	Limousine Kleinwagen Coupe Cabrio Geländewagen
Preis	15–20 Tsd. 20–30 Tsd. 30–40 Tsd. 40–50 Tsd.
Verbrauch	5–7 Ltr. 7–10 Ltr. 10–15 Ltr. 15–20 Ltr.
Kraftstoffart	Normal Diesel Super
Finanzierung	Bar Leasing Raten Kredit
Extras	Airbag ABS Schiebedach Elektr. Fensterheber usw.

Sämtliche Problem- und Lösungaspekte lassen sich also in Form einer Matrix darstellen. Durch die Kombination der Matrixelemente lassen sich zu einem Problem eine Vielzahl von weiteren Lösungsmöglichkeiten ableiten. Jedoch ist die mögliche Höchstzahl sämtlicher Kombinationen rein theoretisch, denn nicht alle ergeben einen Sinn. Ein Hauptproblem der Methode liegt also darin, aus der Gesamtheit der möglichen Lösungen die optimale(n) auszuwählen. Sinnvoll ist es deshalb, zunächst horizontal vorzugehen, d.h., man unterstreicht die besten Lösungen, die es zu einem Parameter gibt (optimieren), und sucht dann in der Vertikalen nach Verbindungsmöglichkeiten (kombinieren).

Es kommt bei der morphologischen Analyse nicht vorrangig darauf an, viele neue Ideen zu entwickeln, sondern die vorhandenen optimal miteinander zu kombinieren. Gibt es zu einem Parameter nicht genügend Lösungsvorschläge, kann in einem Brainstorming nach weiteren gesucht werden. Außerdem gilt es bei der morphologischen Analyse zu beachten, daß

- die Parameter trennscharf sind, d.h., sie sollten sich nicht überlappen,
- die Lösungsvorschläge möglichst konkret sind und nicht ihrerseits Parameter darstellen.

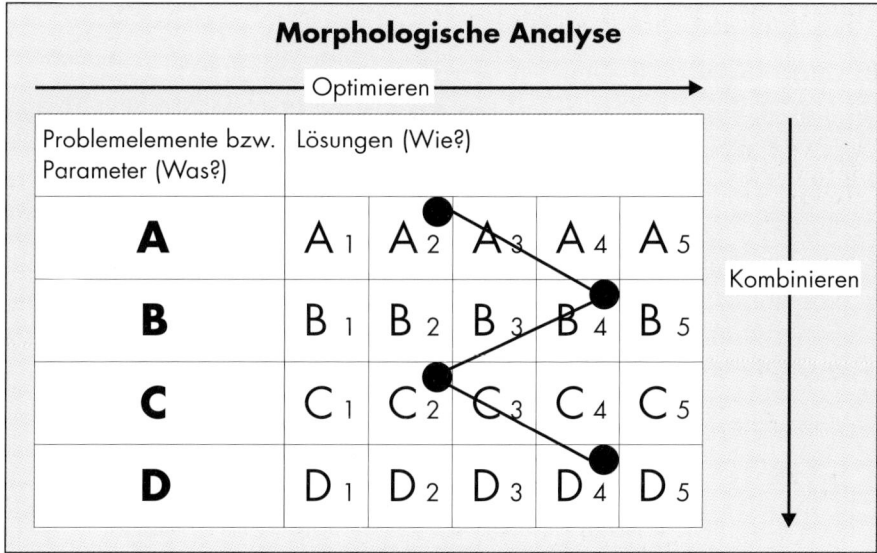

111

Das Vorgehen im Morphologischen Kasten umfaßt somit die folgenden Arbeitsschritte:

❖ Schreiben Sie das Problem bzw. das Thema auf eine Pinwand oder ein Flipchart.

❖ Zerlegen Sie das zu lösende Problem in seine Teileelemente (Parameter). Achten Sie dabei auf die notwendige Trennschärfe der Elemente, d.h., sie sollten voneinander unabhängig sein.

❖ Tragen Sie die Parameter in die Vorspalte der morphologischen Matrix ein.

❖ Suchen Sie für alle Parameter nach bekannten und denkbaren Lösungen (z.B. alle Plus- und interessante Ideen aus Ihrer Vorauswertung), und tragen Sie diese in die rechte Seite der Matrix ein.

❖ Unterstreichen Sie die optimalen Lösungen zu jedem Parameter.

❖ Suchen Sie jetzt in der Vertikalen systematisch nach Variationsmöglichkeiten. Verwenden Sie grafische Mittel: Kreise, Unterstreichungen, Pfeile usw.

❖ Wählen Sie durch Kombination die optimale Lösung aus. Es können auch mehrere, sich überkreuzende Kombinationen sein.

Fallbeispiel

In einem metallverarbeitenden Betrieb soll das Qualitätsbewußtsein gefördert werden. Eine Projektgruppe erarbeitet Vorschläge zu dem Thema und wertet sie nach der morphologischen Methode aus. Man einigt sich auf folgende Parameter:

– Einstellungen der Mitarbeiterinnen und Mitarbeiter, die im Hinblick auf das Ziel wünschenswert sind.
– Qualitätsförderndes Verhalten am Arbeitsplatz.
– Gestaltung von Unterlagen und Medien.
– Organisatorische Maßnahmen.

Mit Hilfe der morphologischen Analyse ist man auf die folgenden Lösungsvorschläge gekommen:

– Das Arbeitsteam setzt sich selbst Regeln für qualitätsförderndes Verhalten, hält diese in Checklisten fest und führt in regelmäßigen Meetings einen Erfahrungsaustausch durch.
– Das Arbeitsteam bestimmt turnusmäßig einen »Kontrollbeauftragten« für die Sauberkeit am Arbeitsplatz.
– Problembewußtsein und Identifizierung mit den eigenen Produkten wird dadurch erreicht, indem man sich gegenseitig motiviert und Tageslosungen auf eine Pinwand bzw. ein Flipchart oder ein Schwarzes Brett schreibt.

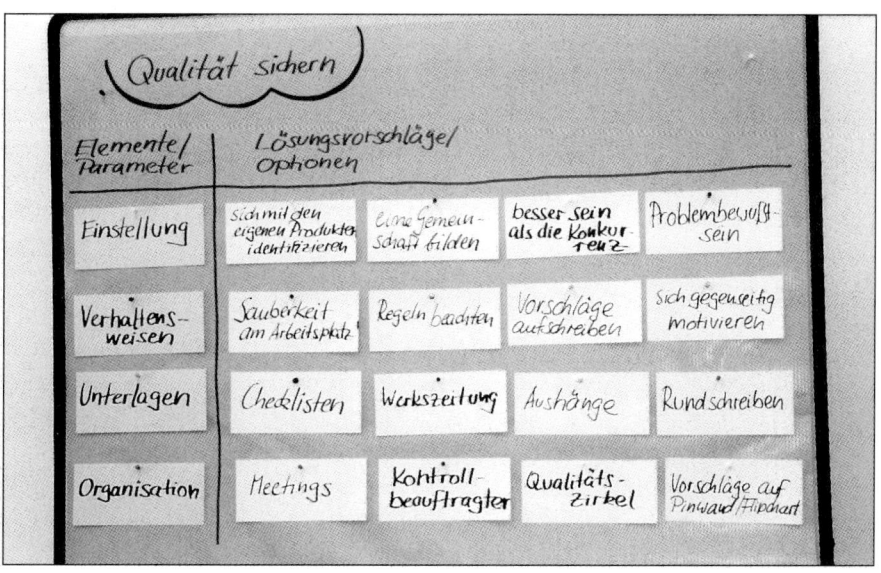

Übung

Werten Sie Ihre Ergebnisse zum Thema »Verwendungsmöglichkeiten von alten Tennisbällen« im Morphologischen Kasten aus.

❖ Listen Sie alle Eigenschaften (Parameter) von Tennisbällen auf, und tragen Sie diese in die Vorspalte der Morphologischen Matrix ein.

❖ Suchen Sie zu jeder dieser Eigenschaften nach Anwendungsbeispielen bzw. Teillösungen, und tragen Sie diese rechts davon ein.

❖ Wählen Sie durch Kombination neue Verwendungszwecke aus.

Eigenschaften	Wo werden diese Eigenschaften noch gebraucht?
1.	
2.	
3.	
4.	
5.	

Erfolgskriterien festlegen – »Daran sollt ihr sie erkennen«

Oft werden Entscheidungen nach dem Gefühl getroffen. Aber dieses Gefühl trügt sehr leicht. Um Problemlösungen möglichst rational zu bewerten, braucht man geeignete Kriterien. Diese Kriterien müssen zueinander in Beziehung gesetzt werden, um ein Maß für die Brauchbarkeit bzw. Realisierbarkeit einer Idee zu bekommen. Wir unterscheiden im folgenden Positiv- und Negativfaktoren, die sich auf die Güte einer Problemlösung auswirken. Jeden dieser Faktoren sollten Sie anhand einer Zehn-Punkte-Skala bewerten, um später den »Erfolgsquotienten« Ihrer Lösung berechnen zu können.

Positivfaktoren

❖ **Appeal**
Damit sind die Orginalität und der Mitreiß-Appeal einer Idee bzw. eines Lösungsvorschlags gemeint. Entscheidend ist natürlich der Appeal, den die Idee auf die Zielgruppe ausübt. Einen geringen Appeal von Faktor eins bis zwei läßt jeden kalt, wogegen Faktor zehn jeden vom Hocker reißen würde.

❖ **Brauchbarkeit**
Ist die Idee sehr nützlich, gibt es sozusagen einen »Markt« für die Problemlösung, wäre das Faktor zehn. Gibt es keinen oder nur wenig Bedarf, ist die Punktezahl entsprechend gering.

❖ **Umsetzbarkeit**
Die Umsetzbarkeit einer Idee hängt davon ab, ob die entsprechenden finanziellen, technischen Mittel und Ressourcen vorhanden sind, ob genügend Zeit zur Verfügung steht, und ob entsprechend befähigte Mitarbeiter an ihrer Umsetzung mitwirken.

❖ **Zielgruppe**
Ideen und Problemlösungen werden stets für bestimmte Zielgruppen erarbeitet. Grundsätzlich gilt dabei: je größer die Zielgruppe, desto gewinnträchtiger die Idee, vorausgesetzt, daß sie gut ist. Eine Idee, die die gesamte Menschheit anspricht, hat die größtmögliche Aussicht auf Er-

folg. Im normalen (Arbeits-)Alltag müssen wir uns mit kleineren Brötchen zufrieden geben. Dort sind die Zielgruppen wesentlich kleiner. Zielgruppen werden nämlich immer im Verhältnis zur Gesamtpopulation definiert, etwa eine Gruppe von Mitarbeitern im Verhältnis zur Betriebsgröße oder ein Jahrgang Auszubildender im Verhältnis zur Gesamtzahl der Auszubildenden in einem Unternehmen. Bestimmen Sie die Größe der Zielgruppe wiederum anhand Ihrer Zehn-Punkte-Skala.

Negativfaktoren

❖ **Risiko**
Risikofaktoren können sein, daß von bestimmten Personengruppen Widerstände zu erwarten sind oder daß technische und organisatorische Neuentwicklungen Ihre Lösungsvorschläge über den Haufen zu werfen drohen. Schätzen Sie den Risikofaktor ab.

❖ **Zeit**
Entscheidend für die meisten Problemlösungen ist der Zeitfaktor, d.h., wieviel Zeit ihre Umsetzung beansprucht und wie lange es dauert, bis die Maßnahmen erstmals greifen. Die Bewertung des Zeitfaktors hängt natürlich auch davon ab, ob die Maßnahmen kurzfristig oder langfristig geplant sind. Schätzen Sie den relativen Zeitfaktor auf Ihrer Skala von eins bis zehn.

❖ **Komplexität**
Sehr komplexe Problemlösungen sind solche, bei denen viele Faktoren miteinander in Beziehung gesetzt werden müssen, zum Beispiel bei der Entwicklung eines neuen Vertriebskonzepts, eines neuen Produkts oder einer Dienstleistung. Entsprechend weniger komplex sind Teillösungen oder Verbesserungsvorschläge für bestehende Lösungen. Hierfür werden ebenfalls Punkte von eins bis zehn vergeben.

❖ **Kosten**
Schätzen Sie die Kosten im Verhältnis zu dem zu erwartenden Gewinn bzw. den Einsparungen ab, und vergeben Sie die entsprechende Punkte.

Und so berechnen Sie den »Erfolgsquotienten«:

$$\text{Erfolgsquotient (EQ)} = \frac{\sum \text{Positivfaktoren (Mittelwerte)}}{\sum \text{Negativfaktoren (Mittelwerte)}}$$

Addieren Sie die Mittelwerte aller Positivfaktoren und dividieren Sie sie mit den addierten Mittelwerten aller Negativfaktoren. Ist der Dividend = 1, dann bedeutet das, daß sich die Positiv- und die Negativfaktoren die Waage halten. Ist der Dividend kleiner als 1, sollten Sie noch einmal nach Schwachstellen in Ihrer Planung sehen oder Ihre Problemlösung gar verwerfen. Ist der Dividend größer als 1, dann hat Ihr Lösungsvorschlag gute Aussicht auf Erfolg. Natürlich macht diese Rechnung nur einen Sinn, wenn die gleiche Anzahl von Positiv- und Negativfaktoren miteinander dividiert wird. Außerdem bekommen Sie auf diese Weise nur ein relatives Maß für die Erfolgsaussichten Ihrer Vorschläge. Bei größeren, kostenintensiven Projekten sollten Sie daher eine genauere Kosten-Nutzen-Analyse durchführen.

Kosten-Nutzen-Analyse – Was darf es kosten?

Gruppenlösungen werden nicht zuletzt danach bewertet, was sie kosten und welche Vorteile sie für das Unternehmen bringen. Wie bei privaten Investitionen, so zum Beispiel bei der Anschaffung eines Neuwagens, beim Erwerb eines Personalcomputers, eines Hauses oder einer Eigentumswohnung, ist auch bei betrieblichen Problemlösungen stets zu fragen: Lohnt sich diese oder jene Maßnahme wirklich?

Nicht jede Lösung läßt sich in Mark und Pfenning vorausberechnen. Auch wenn ein Verbesserungsvorschlag kurzfristig keinen nennenswerten Gewinn verspricht, so können dennoch langfristige ideelle Vorteile damit verbunden sein, zum Beispiel:

- höhere Identifikation der Mitarbeiterinnen und Mitarbeiter mit dem Unternehmen,
- bessere Motivation und Zusammenarbeit im Team,
- mehr Ansehen des Unternehmens nach innen und nach außen.

Jedoch werden von Gruppenlösungen auch meß- und voraussagbare materielle Vorteile erwartet. Deshalb empfiehlt es sich, eine Kosten-Nutzen-Analyse durchzuführen.

Sie können folgendermaßen systematisch vorgehen:

❖ Machen Sie zunächst eine Aufstellung aller in Frage kommenden Kosten für die Umsetzung Ihrer Lösungsvorschläge. Darin sollten enthalten sein: Kosten für Personal, Hilfsmittel, Arbeitszeit, Ausfälle usw. Sie können dafür das Fischgrät-Diagramm benutzen.
❖ Schätzen Sie den kurz- und langfristigen materiellen Nutzen für Ihr Unternehmen ab.
❖ Versuchen Sie, den Break-even-point und die Rentabilitätsentwicklung Ihrer Vorschläge vorauszuberechnen. Angenommen, die einmaligen Kosten für die Umsetzung Ihrer Vorschläge betragen zehntausend Mark, der zu ewartende Gewinn bzw. die zu erwartenden Einsparungen belaufen sich auf fünftausend Mark jährlich, dann ist der Break-even-point nach zwei Jahren erreicht. Bedenken Sie auch, daß die Rentabilitätsgrenze für verschiedene Investitionen unterschiedlich sein kann. Ein neuer Personalcomputer amortisiert sich nach zwei bis drei Jahren, eine neue Produktionsmaschine erst nach sieben bis zehn Jahren.
❖ Stellen Sie die vorsichtig geschätzten Kosten Ihrer Lösungsvorschläge den zu erwartenden Gewinnsteigerungen bzw. Einsparungen gegenüber.
❖ Schätzen Sie die Kosten für das Unternehmen ab, wenn Ihre Vorschläge *nicht* umgesetzt werden, und stellen Sie diese Ihrer Rentabilitätsberechnung gegenüber.

Kosten-Nutzen-Analyse				
Lösungs-vorschlag	Potentielle Kosten	Potentieller Gewinn, Einsparungen	Mögliche Risiken	Ergebnis
A				
B				
C				
D				
E				

Pro und Kontra – Auch die andere Seite muß gehört werden

Wie schon erwähnt, betreffen Problemlösungen meist einen größeren Kreis von Personen als diejenigen, die sie erarbeitet haben. Geht es beispielsweise darum, neue Strategien in Verkauf oder Vertrieb einzuführen, sind davon auch Kunden, Zulieferer, Vertriebspartner und andere betroffen. Neuerungen in einer Organisation – man denke an die Einführung neuer Technologien in einem Unternehmen – rufen nicht selten Widerstände hervor.

Mit der Methode »Pro und Kontra« können mögliche opponierende Meinungen und Widerstände für zukünftige Problemlösungen berücksichtigt werden. Beispiele: »Pro und kontra Abschaffung der Stechuhr«, »... Beauftragung eines Kurierdienstes«, »... Einrichtung eines Fitneßraumes« usw.

119

Gehen Sie in folgenden Schritten vor:

❖ Schreiben Sie das Thema, um das es geht, auf Flipchart oder Pinwand.

❖ Teilen Sie die Gruppe – am besten nach dem Zufallsprinzip – in zwei Parteien: eine »pro« und eine »kontra«. Jede Gruppe hat genügend Zeit (ca. zwanzig Minuten), den Standpunkt, den sie vertreten soll, auszuarbeiten.

❖ Anschließend trägt jede Gruppe bzw. ein von ihr gewählter Sprecher ihre Argumente vor (ca. zehn Minuten).

❖ Es folgt eine Diskussion (ca. dreißig Minuten), in der die Standpunkte ausgetauscht werden. Erlaubt sind Übertreibungen und Polarisierungen. Die Diskussion sollte mit Kassetten- oder Videorecorder aufgezeichnet werden.

❖ In der Auswertung werden wichtige Einwände, neue Aspekte und Lösungsvorschläge diskutiert. Die Gruppe entscheidet, welche Einwände in der Problemlösung berücksichtigt werden sollen.

 **Übung**

Führen Sie allein oder zusammen mit Ihren Arbeitskollegen/innen eine Pro-und-kontra-Runde zum Thema »Rauchen im Büro« durch.

Pro-Argumente	Kontra-Argumente	Lösung/Kompromiß

Gruppen-Delphi – Das Orakel der Klebepunkte

Am Ende der Auswertungsphase kommt es vor, daß mehrere Teillösungen bzw. Alternativen zur Auswahl stehen und man sich für einige wenige entscheiden muß. Außerdem sollen die Lösungsvorschläge nach Prioritäten geordnet werden. Hier kann das Gruppen-Delphi weiterhelfen. Die Gruppe wählt die umzusetzenden Maßnahmen per Punktevergabe aus. Dabei können auch neue, bisher nicht genannte Ideen berücksichtigt werden.

Der Ablauf sieht in der Regel so aus:

❖ Der Moderator faßt noch einmal die wichtigsten Ergebnisse und Lösungsvorschläge zusammen. Die Lösungen, um die abgestimmt werden soll, werden auf Kärtchen geschrieben und untereinander auf eine Pinwand geheftet.

❖ Jeder Teilnehmer erhält drei Kärtchen, auf die er weitere Lösungsvorschläge schreiben kann, außerdem eine Anzahl von Selbstklebepunkten, die etwa der Hälfte der auszuwählenden Alternativen entspricht.

❖ Der Moderator sammelt die Lösungsvorschläge ein und heftet sie an die Pinwand. Danach fordert er die Teilnehmer auf, die Punkte auf die Alternativen zu verteilen. Es können, je nach Bewertung, mehrere Punkte für einen Lösungsvorschlag vergeben werden (Punkte »häufeln«).

❖ Die Lösungsvorschläge werden in die entsprechende Reihenfolge gebracht und anschließend noch einmal diskutiert.

Entscheidungsfindungs- und Auswahlverfahren im Überblick	
Methode	**Empfehlung**
PMI (Plus, Minus, Interessantes)	Einfaches Auswahlverfahren, kann immer angewendet werden.
Morphologischer Kasten	Geeignet für komplexe Probleme und falls Kombinationen von Lösungsalternativen möglich sind.
Erfolgskriterien festlegen	Sollte immer erfolgen.
Kosten-Nutzen-Analyse	Empfehlenswert bei Investitionsentscheidungen.
Pro und Kontra	Eignet sich für »heiße Eisen« und bei kontroversen Themen.
Gruppen-Delphi	Eignet sich für den Fall, daß am Ende mehrere Lösungsalternativen zur Auswahl stehen.

✔ **Checkliste »Auswählen«**

	Ja	Nein
Haben wir alle Ideen verwertet und geprüft?	☐	☐
Haben wir Teillösungen sinnvoll miteinander verbinden können?	☐	☐
Wurden klare Erfolgskriterien ausgearbeitet?	☐	☐
Wurde eine sorgfältige Kosten-Nutzen-Analyse durchgeführt?	☐	☐
Haben wir mögliche opponierende Meinungen und Schwierigkeiten bei der Umsetzung der Maßnahmen berücksichtigt?	☐	☐
Haben wir Prioritäten gesetzt?	☐	☐

Welche Maßnahme wurde vergessen?

_____

_____

_____

_____

_____

Welchen Punkt sollten wir noch einmal intensiv bearbeiten?

_____

_____

_____

_____

_____

4.4 Neudefinieren

> »Brüder, wir müssen
> jeden Tag von
> neuem beginnen.«
> Hl. Augustinus

Jeder, der schon einmal systematisch an Problemlösungen gearbeitet hat, weiß, daß immer wieder Hindernisse und Neuentwicklungen auftreten können, die ein Überdenken des eingeschlagenen Lösungsweges notwendig machen. Problemlösen ist ein zyklischer Prozeß, bei dem Lösungen immer wieder neu entwickelt, geprüft und verworfen werden. Häufig entsteht dabei etwas Neues, das den Erfordernissen und den Bedürfnissen aller weit mehr gerecht wird als der erstbeste Vorschlag. Scheuen Sie sich also nicht, Ihre Marschrichtung zu ändern, wenn es Ihre Analyse notwendig erscheinen läßt.

Das »N«, der vierte Schritt in »D.I.A.N.A.«, steht daher für Nachprüfen, Neudefinieren, Neuentscheiden. Schlüpfen Sie ganz bewußt noch einmal in die Rolle des »Kritikers«. Prüfen Sie, ob Ihre Lösungen tatsächlich umsetzbar, wirtschaftlich, mit den Zielen des Unternehmens, anderer Betroffener und der Umwelt vereinbar sind.

Die Vorgehensweise dazu ist:

- Lösungen überprüfen.
- Maßnahmen konkret machen.
- Hindernisse erkennen und überwinden.

Lösungen überprüfen – »Drum prüfe, wer sich ewig bindet«

Bevor Sie sich an die Umsetzung Ihrer Ziele machen, sollten Sie sich Zeit nehmen, alle Maßnahmen noch einmal in Ruhe zu überdenken. Schreiben Sie dazu alle Ziele und die entsprechenden Maßnahmen in geordneter Form auf eine Pinwand bzw. ein Flipchart und prüfen Sie sie anhand der folgenden Checkliste:

✎ **Checkliste**

Was wollen wir mit den einzelnen Maßnahmen bewirken?

_____

_____

_____

	Ja	Nein
Sind diese Maßnahmen wirklich notwendig, um die Ziele zu erreichen?	☐	☐
Reichen diese Maßnahmen für unsere Zwecke aus?	☐	☐
Können wir das Ziel/Teilziel auch auf anderem Wege erreichen?	☐	☐
Sind die Maßnahmen konkret genug und umsetzbar?	☐	☐

Wer wird von den Maßnahmen betroffen sein?

_____

_____

_____

	Ja	Nein
Sind die von den Maßnahmen Betroffenen ausreichend informiert und geschult?	☐	☐
Sind die Maßnahmen auch umweltverträglich?	☐	☐

Fallbeispiel

In einem pharmazeutischen Unternehmen wurde eine Projektgruppe, bestehend aus Produktmanagern, Verkaufsleiter und Sachbearbeitern, damit beauftragt, für ein neues Produkt, in das man sehr große Erwartungen steckte, Richtlinien für Kundengespräche auszuarbeiten. Diese Richtlinien wurden den Außendienstmitarbeitern zugesandt. Eine Erfolgsmessung einige Monate später ergab, daß der Umsatz des neuen Medikaments unter den Erwartungen blieb und daß sich kaum einer der Außendienstmitarbeiterinnen und -mitarbeiter an die Richtlinien gehalten hatte. Jeder gab an, seine Kundengespräche nach »altbewährter Methode« durchzuführen.

Man hatte einfach nicht daran gedacht, die Außendienstmitarbeiterinnen und -mitarbeiter nach ihrer Meinung zu befragen und sie für das neue Produkt zu schulen. Diese Beispiel zeigt, daß Maßnahmen, die an der Zielgruppe vorbeigehen, ins Leere laufen und für ein Unternehmen teuer zu stehen kommen können.

Maßnahmen konkret machen – Schaufel oder Spaten?

Jetzt sollten Sie die Gelegenheit dazu nutzen, Ihre Lösungsvorschläge noch einmal danach zu überprüfen bzw. zu befragen, ob sie umsetzbar und konkret genug formuliert sind. Verwandeln Sie mit Hilfe der »Spatenmethode« abstrakte Ideen in konkrete Programme.

Eine *Schaufelfrage* ist eine unpräzise Frage, die in der Regel nur vage Antworten liefert, z.B.: »Wie können wir unsere Besprechungsunterlagen verbessern?« Derart vage formulierte Ziele sind nicht oder nur schwer erreichbar. Eine *Spatenfrage* enthält dagegen eine präzise Zielformulierung und trägt dadurch zur Konkretisierung bei. Vertiefen Sie zu allgemein formulierte Maßnahmen daher durch die Spaten-Methode.

Zur Verdeutlichung folgen nun einige Beispiele.

Angenommen, die allgemeine Maßnahme lautet: »Verbesserung der innerbetrieblichen Kommunikation.« Das bedeutet konkret:

❖ Pinwände im Arbeitsbereich aufstellen.
❖ Wöchentlich eine moderierte Besprechung durchführen.
❖ Gesprächsergebnisse in der Werkszeitschrift veröffentlichen.
❖ Jede Arbeitsgruppe wählt einen »Mentor«, mit dem sie die anstehenden Probleme bespricht.

Allgemeine Maßnahme: »Verbesserung der Sauberkeit am Arbeitsplatz.« Das bedeutet konkret:

❖ Jeder sorgt für Sauberkeit in seinem Bereich.
❖ Abfälle werden in kürzeren Abständen abgeholt.
❖ Abfälle werden in getrennte Behälter gegeben.
❖ Turnusmäßiger Wechsel von »Sauberkeitsbeauftragtem«.

Allgemeine Maßnahme: »Qualitätsbewußtsein fördern.« Das bedeutet konkret:

❖ Regeln für qualitätsförderndes Verhalten für alle sichtbar plazieren.
❖ Checklisten für alle Mitarbeiter zur Selbstkontrolle aushändigen.
❖ Einmal in der Woche eine moderierte »Qualitätsdiskussion« durchführen.
❖ Erfahrungsaustausch mit anderen Abteilungen führen.
❖ Gute Gruppenvorschläge werden honoriert.

Vertiefen Sie, wenn nötig, zu allgemein formulierte Maßnahmen und Teillösungen durch ein Brainstorming.

Hindernisse erkennen und überwinden – Den Weg freimachen

Analysieren Sie abschließend noch einmal alle möglichen Hindernisse und Widerstände gegen Ihre Lösungsvorschläge. Dies geschieht mit Hilfe der *Kraftfeldanalyse*. Die Analyse der positiven und negativen Kräfte bei Problemlösungen haben wir bereits kennengelernt. Listen Sie alle möglichen

Widerstände und Schwierigkeiten auf, und führen Sie ein Brainstorming zu der Frage durch: »Was können wir dagegen tun?«

Beispiele für mögliche Widerstände sind:

❖ Im Management gibt es Interessenkonflikte, die eine Umsetzung der Vorschläge gefährden könnten.
❖ Wie steht der Betriebsrat zu den Vorschlägen?
❖ Bei einzelnen Entscheidungsträgern ist mit sachlich nicht begründeten Widerständen gegen Neuerungen zu rechnen.
❖ Bei den »Anwendern« Ihrer Problemlösungen, das sind die Kolleginnen und Kollegen, Kunden, Geschäftspartner usw., ist mit Widerständen gegen Ihre Vorschläge zu rechnen.
❖ Manche der Lösungsvorschläge sind sehr kostenintensiv. Wie kann das Finanzmanagement am besten überzeugt werden?
❖ Für die Umsetzung einiger Maßnahmen bedarf es umfangreicher Schulungsmaßnehmen. Wie erreichen wir die Zustimmung des Personalmanagements?

Möglichkeiten, wie Sie mit Hindernissen und Widerständen umgehen können, sind:

❖ Widerstände ernst nehmen und akzeptieren, gleichzeitig nach Kompromissen suchen, Gespräche anbieten. Manchmal müssen die Beteiligten einfach nur ihren Gefühlen Luft machen, die die Angst vor Veränderungen in ihnen ausgelöst hat.
❖ Die Beteiligten vorab über »heiße Eisen« informieren.
❖ Auf Chancen und Vorteile hinweisen.
❖ Durch offene »Informationspolitik« Vorurteilen vorbeugen.
❖ Schrittweises Vorgehen ankündigen.
❖ Auf Kontrollmöglichkeiten hinweisen.
❖ Sich für Veränderungs- und Verbesserungsvorschläge offen zeigen.
❖ Eine Präsentation durchführen (siehe auch Kapitel 5 auf Seite 135 ff.)

Bevor Sie zum letzten Schritt »Anwenden« übergehen, bearbeiten Sie bitte die folgende Checkliste.

X Checkliste »Neudefinieren«

	Ja	Nein
Beseitigt die Lösung das Problem wirklich?	☐	☐
Wird die Lösung allen unseren Kriterien gerecht?	☐	☐
Stellt sie alle Beteiligten und Betroffenen zufrieden?	☐	☐
Sind unsere Lösungsvorschläge umsetzbar und konkret genug?	☐	☐
Wurden alle Risiken, Nachteile und eventuellen Konsequenzen in Betracht gezogen?	☐	☐
Stehen uns genügend Zeit und Ressourcen zur Verfügung?	☐	☐
Sind unsere Lösungsvorschläge wirtschaftlich genug?	☐	☐
Müssen wir bestimmte Schritte bzw. Methoden des Problemlösens nochmals anwenden?	☐	☐

Was wurde vergessen?

_____

_____

_____

Welchen Punkt sollten wir noch einmal intensiv bearbeiten?

_____

_____

_____

4.5 Anwenden

Sind Ihre Lösungsvorschläge »wasserdicht«, geht es darum, sie in die Tat umzusetzen. Es ist jedoch keine Seltenheit, daß glänzende Problemlösungen und Maßnahmenkataloge für immer in irgendwelchen Schreibtischschubladen verschwinden, weil niemand genau weiß, was zuerst und was danach passieren soll, weil sich niemand für die Umsetzung verantwortlich fühlt, kurzum: weil es die Gruppe versäumt hat, einen umsetzbaren Aktionsplan zu erstellen.

Warum ist eine Aktionsplanung wichtig?

- Verschiedene Faktoren wie Zeit, Personal und Ressourcen müssen in Betracht und in der richtigen Weise aufeinander abgestimmt werden.
- Die einzelnen Schritte der Umsetzung müssen koordiniert, eine Zeitplanung muß erstellt, d.h., es müssen Termine, es muß der Ablauf der einzelnen Aktivitäten und natürlich die Beendigung des Projekts genauestens festgelegt werden.
- Es gilt Leerläufe, Zielkonflikte und Überschneidungen zu vermeiden, indem die Tätigkeiten in eine bestimmte Reihenfolge gebracht werden.
- Es müssen bestimmte Maßnahmen vorausgeplant werden, um den Fortschritt in der Umsetzung zu kontrollieren.
- Deshalb ist es unumgänglich – falls nicht schon geschehen –, einen Projektleiter zu benennen, der für die Umsetzung und Koordination der einzelnen Teilziele verantwortlich zeichnet.

Wichtig: Ein Anwendungsplan sollte dennoch flexibel genug sein, um auf unvorhergesehene Veränderungen reagieren zu können. Die beste Aktionsplanung ist immer noch diejenige, die mit dem Unkalkulierbaren rechnet.

Tätigkeitsorientierung – Die sechs W-Regel

Gehen Sie bei Ihrer Aktionsplanung nach der sechs W-Regel für die Tätigkeitsorientierung vor:

❖ **Was?**
- Was ist zu tun?
- Welches Soll-Ergebnis wird angestrebt?
- Welche Teilaufgaben sind im einzelnen zu erledigen?
- Mit welchen Schwierigkeiten ist zu rechnen?

❖ **Warum?**
- Welchem Zweck dient die Aufgabe?
- Was passiert, wenn die Arbeit nicht oder nur unvollständig ausgeführt wird?

❖ **Wie?**
- Wie soll bei der Ausführung vorgegangen werden?
- Welche Verfahren sollen angewendet werden?
- Welche Vorschriften und Richtlinien sind zu beachten?
- Welche Personen, Stellen und Abteilungen sind zu informieren?

❖ **Wer – mit wem?**
- Wer übernimmt die Führung, wer die Koordination?
- Wer soll an der Umsetzung mitwirken?
- Wer soll bei welcher Teilaufgabe mit wem zusammenarbeiten?

❖ **Womit?**
- Welche Hilfsmittel sollen eingesetzt werden?
- Welche Unterlagen werden benötigt?

❖ **Wann?**
- Wann soll mit der Arbeit bzw. Umsetzung begonnen werden?
- Wann soll die Arbeit abgeschlossen sein?
- Welche Zwischentermine sind einzuhalten?
- Wann ist mit Zwischenergebnissen zu rechnen?
- Wann muß kontrolliert werden?

> *Ein Anwendungsplan ist ein konkretes Programm zur Umsetzung von Einzelmaßnahmen, um ein Gesamtziel zu erreichen.*

Listen Sie Ihre Aktivitäten, Termine usw. tabellarisch auf.

Aktionsplanung					
Tätigkeit **Was?**	Begründung **Warum?**	Vorgehen **Wie?**	Partner **Wer mit wem?**	Hilfsmittel **Womit?**	Zeitpunkt **Wann?**

Erfolgskontrolle – Operation gelungen!?

Um Ziele zu erreichen, braucht man Kriterien für die Erfolgsmessung, um jederzeit den Fortschritt der geplanten Maßnahmen zu überwachen. Legen Sie jetzt schon die Kriterien für eine spätere Bewertung der Umsetzungsergebnisse fest. Legen Sie, wo immer möglich, Ihrer Erfolgskontrolle quantitative statt schwer zu messende qualitative Faktoren zugrunde.

Das sind z.B.:

- Statistiken über Produktions- und Verkaufszahlen, Ausschuß und Fehlzeiten usw.
- Punktuelle Qualitätskontrollen.
- Umfragen über Arbeitsklima und Einstellungen.
- Trendanalysen usw.

Bevor Ihre Maßnahmen »greifen«, wird einige Zeit vergehen. Je nach Art und Umfang der Maßnahmen wird der Zeitpunkt der Erfolgsmessung bestimmt. Eine Zwischenbewertung bei größeren Projekten sollte, so zeigt die Erfahrung, nicht vor sechs Monaten, in der Regel erst nach zwölf Monaten erfolgen.

Kein Plan läuft wie am Schnürchen. Deshalb ist es wichtig, ein gutes Follow-up-System zu haben, so daß alle Beteiligten auf dem laufenden bleiben und rechtzeitig über Störungen und Neuentwicklungen informiert werden. Dies kann geschehen durch:

- Arbeitsstichproben.
- Firmenrundgänge.
- Mitarbeiter- und Kundenbefragungen.
- Erledigungs- und Aktivitätsberichte.
- Einzelgespräche.
- Persönliche Einschätzungen.
- Regelmäßige Besprechungen.

Und noch ein wichtiger Hinweis: Sammeln und dokumentieren Sie alle Erfahrungen, Hindernisse, Schwierigkeiten und neuen Erkenntnisse bei der Umsetzung Ihrer Maßnahmen für spätere Problemlösungen.

✗ Checkliste »Aktionsplanung«

	Ja	Nein
Gibt es einen klaren Aktionsplan mit Unterzielen und Terminen?	☐	☐
Sind die Maßnahmen richtig koordiniert?	☐	☐
Sind die Termingrenzen realistisch?	☐	☐
Gibt es eine klare Aufteilung der Verantwortung?	☐	☐
Gibt es »Umleitungen«, wenn ein Hindernis auftaucht?	☐	☐
Sind alle Personen und Stellen, die es betrifft, über den Plan informiert?	☐	☐
Gibt es eindeutige Kriterien für die Erfolgsmessung?	☐	☐
Gibt es Kontrollpunkte für eine Zwischenbewertung?	☐	☐

Fragen für die spätere Erfolgskontrolle:

Was konnte von den vorgegebenen Zielen erledigt werden?

_____

_____

Was blieb unerledigt und warum?

_____

_____

Welche Konsequenzen ergeben sich daraus für das weitere Vorgehen und für zukünftige Projekte?

_____

_____

Lösungen präsentieren

> *»Augen überzeugen besser als Ohren.«*
> Chinesisches Sprichwort

»Stell dir vor, du hast eine tolle Idee, und niemand erfährt davon!« – könnte das Thema eines Alptraumes sein. Es genügt nicht, gute Ideen zu haben, sie müssen auch »verkauft« werden.

Sie haben Lösungsvorschläge ausgearbeitet und einen Aktionsplan erstellt, damit haben Sie den Problemlösungsprozeß formal abgeschlossen. Jetzt brauchen Sie »grünes Licht« für die Umsetzung, und das bedeutet in aller Regel, daß Sie ein fachkundiges Publikum von dem Nutzen Ihres »Produktes« überzeugen müssen. Dieses Kapitel handelt daher von der wirkungsvollen Präsentation Ihrer Lösungsvorschläge:

– Weshalb eine Präsentation wichtig ist.
– Was zu einer guten Präsentation gehört.
– Wie Sie eine Präsentation vorbereiten.
– Was es bei der Durchführung zu beachten gilt.
– Wie Sie Ihre Präsentation nachbereiten.

5.1 Weshalb Lösungsvorschläge präsentieren?

Gewiß, nicht jede Idee, nicht jeder Verbesserungsvorschlag muß einem größeren Kreis präsentiert werden. In manchen Fällen genügt es, wenn wenige Personen davon in Kenntnis gesetzt werden und ihre Zustimmung geben. Vieles läßt sich ohne größeren Aufwand und »unter vier Augen« regeln. Es gibt jedoch eine Reihe von Gründen, weshalb eine Präsentation Ihrer Arbeitsergebnisse wichtig sein kann:

❖ Die Problemlösungsgruppe hat in der Regel keine Entscheidungsgewalt über die Umsetzung der Maßnahmen. In Wirtschaftsunternehmen trifft die Entscheidung darüber die Unternehmensleitung bzw. das Management, in Organisationen und Vereinen sind das Vorstände, Gremien, Beiräte usw., und diese bzw. ihre Vertreter müssen erst von der Notwendigkeit der Maßnahmen überzeugt werden. Von Ihrer Präsentation hängt es also ab, ob man die notwendigen Mittel für die Umsetzung Ihrer Ideen bereitstellen wird.

❖ Soll Ihre Problemlösung von anderen Personen angewendet werden, schaffen Sie durch eine gelungene Präsentation die notwendige Akzeptanz für Ihre Vorschläge.

❖ Eine Präsentation gibt der Gruppe die Möglichkeit, über ihre Arbeit, Ziele und Methoden zu berichten. Je mehr Personen in einer Organisation über die Gruppenarbeit erfahren, desto höher wird ihr Wert eingeschätzt, und desto mehr Unterstützung erfährt die Gruppe.

❖ In einer Präsentation und der anschließenden Diskussionsrunde stellt die Gruppe ihre Ergebnisse noch einmal dem prüfenden Urteil der Teilnehmenden anheim. Neue Ideen und Verbesserungsvorschläge können eingebracht werden; das kann der Problemlösung nur zugute kommen.

5.2 Vorbereitung einer Präsentation

Was ist das Ziel Ihrer Präsentation?

Ihre Präsentation hat ein klar umrissenes Ziel: Durch sie soll den anwesenden Entscheidungsträgern der Nutzen für das Gesamtwohl des Unternehmens bzw. der Organisation sowie die zeit- und kostengerechte Umsetzbarkeit Ihrer Lösungsvorschläge aufgezeigt werden. Die Teilnehmenden Ihrer Präsentation sollen nicht zuletzt an der Umsetzung der Maßnahmen aktiv mitwirken. Alle Schritte der Präsentation dienen dazu, dieses Ziel zu erreichen.

Was gehört zu einer Präsentation?

Eine Präsentation besteht für gewöhnlich aus dem eigentlichen Präsentationsteil und einer anschließenden Frage- bzw. Diskussionsrunde. Im Präsentationsteil stellen Sie Ihre Arbeitsergebnisse vor, informieren durch Fakten und überzeugen durch die Nutzenvorteile Ihrer Lösungen. In der anschließenden Diskussions- bzw. Austauschphase gehen Sie auf Fragen und mögliche Einwände der Teilnehmerinnen und Teilnehmer ein und bereiten konkrete Entscheidungen vor.

Jede Präsentationsveranstaltung ist zudem in einen Rahmen eingebunden, das ist ihre Vorgeschichte und ihre Nachgeschichte. Zur *Vorgeschichte* Ihrer Präsentation gehört alles, was im Vorfeld stattgefunden hat und was gleichzeitig für Ihr Publikum von Interesse ist. Dabei geht es um Fragen wie:

– Wie ist es dazu gekommen?
– Was war der Anlaß?
– Wie ist man beim Problemlösungsprozeß vorgegangen?
– Welche Hindernisse, Schwierigkeiten traten auf?
– Wie hat man diese bewältigt? usw.

Die *Nachgeschichte* umfaßt alle Konsequenzen, Tätigkeiten, Vereinbarungen, die sich im Anschluß an Ihre Präsentation ergeben. Es geht um Fragen wie:

– Wer soll an der Umsetzung der Maßnahmen mitwirken?
– Welche Termine müssen vereinbart werden?
– Wie soll das Berichtswesen aussehen?
– Werden die Entscheidungen sofort oder später getroffen? Handelt es sich um kurzfristig durchzuführende Maßnahmen, über die unmittelbar entschieden werden soll, oder um ein langfristiges Projekt, für dessen Realisierung mehrere Entscheidungsinstanzen durchlaufen werden müssen?

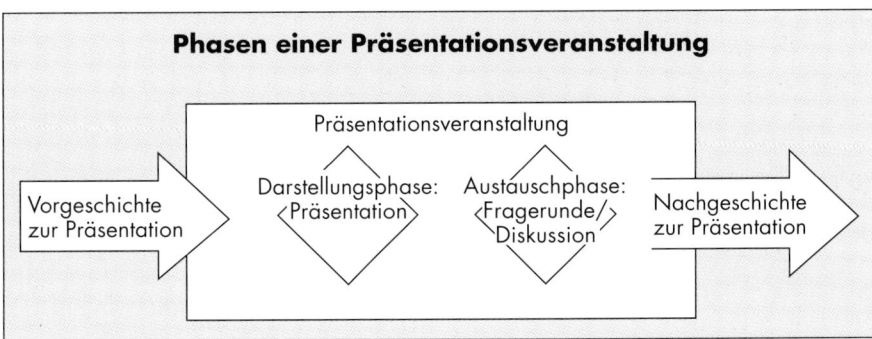

Phasen einer Präsentationsveranstaltung

Präsentationsveranstaltung

Vorgeschichte zur Präsentation

Darstellungsphase: Präsentation

Austauschphase: Fragerunde/ Diskussion

Nachgeschichte zur Präsentation

Die Bedürfnisse und Erwartungen der Teilnehmenden erkunden

Eine Präsentation ist in gewisser Weise eine Verkaufsveranstaltung. Zum erfolgreichen Verkaufen gehört nicht nur, daß das Produkt »stimmt« und daß es entsprechend verpackt ist, es muß auch auf die Bedürfnisse und Erwartungen der Zielgruppe zugeschnitten sein. Gehen wir davon aus, daß die Qualität Ihres »Produktes« über jeden Zweifel erhaben ist, so geht es jetzt darum, die Interessen und Erwartungen der Teilnehmenden zu analysieren. Leitfragen können die folgenden sein:

– Welche Personen werden bei der Präsentation anwesend sein?
– Welcher Hierarchieebene gehören sie an, und welche Entscheidungsbefugnisse haben sie?

– Welche Einstellungen, welches Vorwissen haben sie zum Thema?
– Welche Erwartungen haben sie an die Lösungsvorschläge?
– Welche Interessen haben sie?
– Gibt es Interessenkonflikte bezüglich der Lösungsvorschläge?
– Gibt es gemeinsame Interessen, auf die man sich in der Präsentation beziehen kann?
– Welche Einstellung haben sie zur Problemlösungsgruppe?
– Welche Einstellung haben sie zum Präsentator?

Die Inhalte Ihrer Präsentation: Sammeln, Auswählen, Gewichten, Komprimieren

Denken Sie an Ihr Präsentationsziel: Sie möchten nicht nur informieren, sondern auch überzeugen und die Teilnehmenden zum konkreten Handeln auffordern. Die relevanten Informationen müssen daher für jeden Teilnehmer in verständlicher und übersichtlicher Weise dargestellt werden. Die oberste Leitfrage für die Informationsaufbereitung sollte daher sein: »Welche Inhalte müssen wir für unsere spezifische Zielgruppe und für die für die Präsentation zur Verfügung stehende Zeit auswählen, um unseren konkreten Ziele zu erreichen?«

Sammeln und ordnen Sie Ihre Aussagen nach diesen Gesichtspunkten. Überlegen Sie sich, welche Argumente Sie vorbringen wollen und welche Zahlen und Fakten für die Unterstützung Ihrer Argumentation wichtig sind. Präsentieren Sie nicht das gesamte Material, sondern nur das Wesentliche. Gewichten Sie Ihre Präsentationsinhalte nach Kernaussagen, und geben Sie zu jeder Kernaussage die entsprechenden Hintergrundinformationen. Achten Sie bei Ihrer Präsentation auf die richtige Reihenfolge der Aussagen.

Denken Sie bei der Vorbreitung Ihrer Präsentation auch an die vier »Verständlichmacher«:

❖ **Gliederung**
Die Präsentation sollte klar gegliedert sein, mit Einleitung, Hauptteil, Schluß und dem nachfolgenden Diskussionsteil.

❖ **Verständlichkeit**
Vermeiden Sie den allzu häufigen Gebrauch von Fremdwörtern und Fachjargon, es sei denn, es ist unumgänglich.

❖ **Kürze**
Beschränken Sie sich auf die wesentlichen Kernaussagen und die notwendigen Hintergrundinformationen. Sprechen in kurzen Sätzen, vermeiden Sie lange Schachtelsätze.

❖ **Anregung**
Die Teilnehmenden Ihrer Präsentation möchten nicht nur informiert, sie wollen auch interessiert werden. Sichern Sie sich die Aufmerksamkeit Ihrer Zuhörer durch Fragen, Formulierung von Hypothesen u.a. Eine Präsentation sollte auch nicht todernst verlaufen. Ein Schuß Humor hat noch keiner Präsentation geschadet.

Tips für die Visualisierung

Die bildhafte Darstellung ist – und war zu allen Zeiten – eines der mächtigsten Mittel der Überzeugung. Sorgen Sie bei Ihrem Vortrag für eine wirkungsvolle Visualisierung und Abwechslung in den Medien. Wir erinnern uns an zehn Prozent von dem, was wir hören, und an fünfzig Prozent von dem, was wir hören *und* sehen. Wählen Sie immer eine möglichst anschauliche Form, verwenden Sie Grafiken, Diagramme, Charts, Fotos usw. Bereiten Sie jedoch keine »Folienschlacht« vor, und verwirren Sie Ihre Zuhörer nicht mit Zahlenspielen. Denken Sie auch daran, daß Ihnen für Ihre Präsentation nur begrenzte Zeit zur Verfügung steht. Wenn Sie pro Kernaussage eine Folie oder ein beschriftetes Flipchartblatt präsentieren und für die Hintergrundinformationen jeweils zwei bis drei Minuten benötigen, dann bleibt Ihnen, abzüglich für die Einführung und den Schluß, Zeit für maximal zehn visuelle Darstellungen. Es erübrigt sich jetzt fast, darauf hinzuweisen, daß nicht sämtliche Brainstorminglisten und »Szenarios« – also alles, was sich im Laufe der Zeit so angesammelt hat – präsentiert werden kann. Es kann jedoch durchaus sinnvoll sein, das ein oder andere Arbeitsdokument oder Foto zu zeigen, damit die Anwesenden einen Eindruck bekommen, wie die Gruppe überhaupt arbeitet.

Machen Sie sich einen Präsentationsfahrplan

Und das sollte dazugehören:

❖ Präsentationsteil
  – Kurze Begrüßung der Teilnehmerinnen und Teilnehmer.
  – Knüpfen Sie an die Vorgeschichte an.
  – Kurze Beschreibung der einzelnen Problemlösungsschritte.
  – Das Konzept: Ideen, Verbesserungsvorschläge, Begründung.
  – Zusammenfassung.
  – Ausblick.

❖ Diskussionsteil
  – Fragen der Teilnehmenden.
  – Was erwartet man vom Management bzw. von den Entscheidungsträgern?
  – Welche Informationen braucht man vom Management, welche Informationen braucht das Management von der Gruppe?
  – Mögliche Einwände und Widerstände behandeln.
  – Hinweis auf die Nachgeschichte und Aktionsplanung: Vereinbarungen, Termine, weitere Schritte usw.

❖ Der organisatorische Rahmen
  Wählen Sie einen geeigneten Raum, und bestimmen Sie den Zeitpunkt Ihrer Präsentation so, daß auch alle Eingeladenen erscheinen können. Achten Sie darauf, daß alle notwendigen Geräte und Hilfsmittel im Präsentationsraum vorhanden sind. Klären Sie, ob Sie die Präsentation allein durchführen oder ob Sie sich mit einem zweiten Präsentator abwechseln möchten, wer die Diskussionsphase moderieren und wer Protokoll führen soll.

❖ Die »Generalprobe«
  Üben Sie Ihre Präsentation am besten mehrmals und nach Möglichkeit vor Publikum. Zeichnen Sie Ihre Proben gleichzeitig mit audiovisuellen Medien auf. So gewinnen Sie Sicherheit und überprüfen bei dieser Gelegenheit, wie Ihr mündlicher Vortrag mit den Visualisierungen zusammenpaßt. Üben Sie auch in einem »Pro-und-kontra-Rollenspiel«, welche Einwände und Widerstände aus dem Teilnehmerkreis in der Diskussionsphase kommen können und wie Sie darauf antworten wollen.

5.3 Die Durchführung

Lampenfieber?

Jeder »alte Bühnenhase« wird Ihnen bestätigen können: Lampenfieber ist normal und Ihrer Präsentation sogar förderlich, vorausgesetzt natürlich, sie ist gut vorbereitet. Wenn der Schmetterlinge im Bauch doch etwas zu viele werden sollten, denken Sie daran:

– Achtzig Prozent Ihrer Arbeit ist getan.
– Sie sind der Experte für Ihre Präsentationsinhalte und haben etwas anzubieten.
– Sie haben Ihre Präsentation geübt und sind auf alle Eventualitäten vorbereitet.

Die Einleitung

Beginnen Sie Ihre Präsentation mit der Begrüßung der Anwesenden, und stellen Sie sich selbst und Ihre Funktion kurz vor. Stellen Sie nach der Begrüßung in wenigen Worten dar, worin das Ausgangsproblem besteht und weshalb man eine Problemlösungs- bzw. Projektgruppe mit der Aufgabe betraut hat. Vergessen Sie auch nicht an dieser Stelle, das Ziel Ihrer Präsentation klar anzusprechen, etwa so: »Ein Jahr ist es nun her, seit wir Teamarbeit in unserer Firma eingeführt haben. Vor einem halben Jahr hat man uns (die Gruppe) damit beauftragt, diesen Umstrukturierungsprozeß zu begleiten und Lösungsvorschläge für auftretende Probleme zu entwickeln. Über eines dieser Probleme, nämlich die Kommunikation in Teams bzw. die Effektivität von Teambesprechungen, darüber möchte(n) ich/wir Ihnen heute berichten und Sie um Unterstützung für einige unserer vorgeschlagenen Maßnahmen bitten.«

Gehen Sie danach kurz auf den Ablauf der Präsentation ein. Zu diesem Zweck empfiehlt es sich, eine Folie oder ein Flipchartblatt zur Visualisierung vorzubereiten. Weisen Sie auf die nachfolgende Diskussionsrunde hin, in der Sie Fragen aus dem Publikum beantworten.

Der Hauptteil

Die Zielgruppe möchte nicht nur über das Ergebnis, sondern auch über den Prozeß informiert werden. Der Hauptteil sollte daher die folgenden Punkte enthalten:

– Prozeß und Methoden der Problemlösung.
– Teilergebnisse der einzelnen Problemlösungsschritte.
– Ausführliche Begründung der Lösungsvorschläge.
– Vorsichtige Kosten-Nutzen-Analyse.
– Mögliche Hindernisse und Schwierigkeiten bei der Umsetzung.
– Ausblick.

Stellen Sie ferner dar:

– Ihr Vorgehen bei der Analyse und die Ergebnisse.
– Welche Informationen und Fakten waren ausschlaggebend?
– Welche Ideen und Lösungsvorschläge wurden entwickelt?
– Welchen Vorschlägen hat man den Vorrang gegeben und warum?
– Welche Vorteile bieten diese Lösungen?

Wichtig: Trennen Sie immer Sachinformationen von persönlicher Bewertung.

Der Schlußteil

Die Möglichkeit zur aktiven Beteiligung der Teilnehmenden in der Diskussionsphase ist ein wichtiger Bestandteil jeder Präsentations-veranstaltung.

Besonders der Schluß muß verkäuferisch gut präsentiert werden. Fassen Sie die wesentlichen Punkte Ihrer Ausführungen nochmals zusammen, und streichen Sie den Nutzen der Vorschläge heraus. Knüpfen Sie an die Nachgeschichte an, d.h., geben Sie einen Ausblick, wie Sie sich den weiteren Verlauf vorstellen, und machen Sie Vorschläge, wie man dabei vorgehen könnte. Schließen Sie Ihre Präsentation mit einem Appell an alle Teilnehmer ab, und sagen Sie Ihre Unterstützung und die Ihres Teams für den weiteren Verlauf des Projektes zu.

Die Frage- und Diskussionrunde

Eine Präsentation sollte nicht länger als eine halbe Stunde dauern und genügend Zeit – ebenfalls bis zu einer halben Stunde – für eine Diskussion vorsehen. Haben die Teilnehmenden nicht ausreichend Gelegenheit, sich zu äußern, fühlen sie sich übergangen und reagieren entsprechend gereizt. Eine gelungene Präsentation könnte so nachträglich gefährdet werden.

Die Diskussionsphase ist sozusagen die letzte »Nagelprobe« für die Akzeptanz und die erfolgreiche Umsetzung Ihrer Vorschläge. Hier ist der Vortragende sogar noch mehr gefordert als bei der eigentlichen Präsentation, denn nun kommen neben Fragen auch Einwände, ja, vielleicht sogar Kritik und Widerstände gegen das Projekt zum Ausdruck. Für eine glaubhafte Überzeugungsarbeit gilt vor allem: keine Überredungs- und Manipulationsversuche, kein Abwiegeln, Verniedlichen, keine Schönfärberei und schon gar keine Auslassungen oder Verdrehung von Fakten. Denn das konnte das Präsentationsziel und die Arbeit vieler Wochen und Monate zunichte machen. Die Teilnehmenden sollen Ihre Anregungen aufgreifen und weiterverarbeiten, sie sollen die Gelegenheit haben, eigene Ideen einzubringen. Sie sollen schließlich an der gemeinsamen Sache, an der Realisierung der Lösungsvorschläge, mitwirken.

5.4 Die Nachbereitung

Sie haben sich in der Vorbereitung schon Gedanken zur Nachgeschichte gemacht, darüber also, was nach Ihrer Präsentation passieren soll. Sie haben in der Frage- und Diskussionsphase viele neue Informationen aus dem Publikum bekommen, darüber, was »angekommen« ist und wo noch Nachbesserungsbedarf besteht. Die Nachbereitung Ihrer Präsentation hat zwei Funktionen, einmal zu klären, worin die nächsten Schritte bestehen. Hierfür sind Nachfaßaktionen wichtig, z.B.:

- Präsentationsprotokoll verschicken.
- Eine Telefonaktion durchführen.
- Bei Veränderungsvorschlägen zusätzliche Kurzpräsentation und Diskussionsrunde ansetzen.
- Maßnahmen und Termine überwachen.
- Das Berichtswesen klären usw.

Die andere Seite Ihrer Nachbereitung besteht in der Selbstreflexion im Hinblick auf die Verbesserung Ihres Präsentationsverhaltens. Fragen, die Sich sich hierzu stellen können, sind:

- Was lief bei der Präsentation gut, und was hat nicht so gut geklappt?
- Was müssen wir verbessern?
- Was müssen wir in unserer nächsten Präsentation anders machen? usw.

Lesetip

Wenn Sie noch mehr Tips für erfolgreiches Präsentieren haben möchten, lesen Sie in dem Buch »Präsentieren. Präsentationen: zielgerichtet und adressatenorientiert« von Martin Hartmann, Rüdiger Funk und Horst Nietmann, 3. Auflage 1995.

✎ **Checkliste »Lösungen präsentieren«**

	Ja	Nein
Ist das Ziel Ihrer Präsentation klar definiert?	☐	☐
Haben Sie die Vorgeschichte Ihrer Präsentation gebührend berücksichtigt?	☐	☐
Wurde eine Adressatenanalyse durchgeführt?	☐	☐

Welches sind die Kernaussagen Ihrer Präsentation, welche Hintergrundinformationen wollen Sie geben?

_____

_____

_____

	Ja	Nein
Sind die entsprechenden Visualisierungen vorbereitet?	☐	☐
Gibt es ein Präsentationsmanuskript?	☐	☐
Sind geeignete Räumlichkeiten, sind alle Hilfsmittel für die Präsentation vorhanden und überprüft?	☐	☐
Haben Sie Ihre Präsentation geübt?	☐	☐
Haben Sie mögliche Fragen, Einwände und Widerstände aus dem Teilnehmerkreis vorbereitet?	☐	☐

Welche Ideen und Vorschläge haben Sie für die Nachgeschichte Ihrer Präsentation ausgearbeitet?

_____

_____

_____

Gruppenarbeit konfliktfrei gestalten

*»Nicht die Dinge
verwirren die
Menschen, sondern
die Ansichten über
Dinge.«*
Euripides

Erinnern Sie sich noch an unser Fallbeispiel am Anfang des Buches und an die Schwierigkeiten bei der Firma »Möbel-Berger«, zu einer Einigung zu kommen? Es gibt immer wieder Situationen, in denen der Arbeitsprozeß ins Stocken gerät, weil die Beziehungen zwischen den Gruppenmitgliedern nicht mehr stimmen. Wo Menschen zusammenarbeiten, kommt es immer wieder zu Konflikten. Einige Hinderungsgründe für die Gruppenarbeit wurden bereits genannt:

– Status- und Hierarchiedenken.
– Konkurrenzverhalten.
– Ungeübtheit in der Gruppenarbeit.
– Mangel an Kooperationsbereitschaft.

Diese Kreativitäts- und Motivations»killer« erschweren natürlich nicht nur die Gruppenarbeit, sondern das ganze Arbeitsleben. Auch wenn sich die Gruppenmitglieder mit den besten Absichten zusammengeschlossen haben, bleiben Spannungen nicht aus, die sich störend auf den Arbeitsprozeß auswirken. Manchmal wird sich die Gruppe selbst zum Problem. Die Frage lautet dann: »Was können wir tun, um unser Problem zu lösen oder es auf ein erträgliches Maß zu reduzieren?«

Damit die Gruppe zielgerichtet und erfolgreich arbeiten kann, bedarf es bestimmter Regeln des Miteinanderumgehens. Dieses Kapitel handelt von den Schwierigkeiten in der Gruppenarbeit und zeigt Möglichkeiten auf, wie man damit umgehen kann.

❖ Warum es zu Störungen kommt.
❖ Klare Rollen- und Aufgabenverteilung.
❖ Richtig miteinander reden.
❖ Stimmungen rechtzeitig erkennen.

6.1 Warum es zu Störungen kommt

Am Anfang braucht die Gruppe Zeit, um ihre Identität, ihr »Ich« bzw. ihr »Wir-Gefühl« zu entdecken, um die Aufgaben, die sie sich selbst gestellt hat, erfolgreich lösen zu können. Das geht nicht immer ohne Konflikte ab. Die unterschiedlichen Temperamente der Gruppenmitglieder, ihre Einstellungen und Sichtweisen können den Arbeitsprozeß negativ oder positiv beeinflussen. Oft fühlen sich die Teilnehmer persönlich verletzt, wenn sie der Meinung sind, daß ihre Beiträge nicht angemessen berücksichtigt werden. Manche fühlen sich durch starke Persönlichkeiten zurückgesetzt.

In jeder Gruppe gibt es unausgesprochene Regeln und Vorstellungen darüber, wie man sich in einer bestimmten Situation verhalten soll oder darf. Beispiele für solche Regeln sind: »Hier darf ich über meine persönlichen Wünsche und Gefühle nicht sprechen! ... Hier ist es verboten, lustig zu sein! ... Hier darf dem Vorgesetzten nicht widersprochen werden!«

Solche Regeln und Normen haben auf das Gruppenverhalten einen erheblichen Einfluß, und sie verhindern oft, daß Probleme, die die Gruppe betrifft, angesprochen und gelöst werden können. Selbst wenn die Diskussionen sachlich verlaufen, können Gefühle wie Unlust, Langeweile und Müdigkeit aufkommen. Damit diese Stimmungen und Konflikte den Problemlösungsprozeß nicht nachhaltig gefährden, muß die Gruppe lernen, mit ihnen umzugehen.

6.2 Klare Rollen- und Aufgabenverteilung

Durch eine klare Aufgabenverteilung werden Kompetenzstreitigkeiten und Konflikte in der Gruppe vermieden.

❖ **Der Gruppenleiter bzw. Moderator**
Die Rolle des Gruppenleiters bzw. Moderators wurde bereits eingehend dargestellt: Er oder sie organisiert und unterstützt den Gruppenprozeß mit geeigneten Methoden. Ihm bzw. ihr steht es jedoch nicht zu, inhaltliche Entscheidungen zu treffen oder gar disziplinarisch einzugreifen.

❖ **Der Protokollführer**
Der Protokollführer meldet sich freiwillig oder wird von der Gruppe gewählt. Er oder sie hält die wesentlichen Punkte des Besprechungsverlaufs schriftlich fest. Im übrigen ist er oder sie gleichzeitig Teilnehmer der Gruppensitzung mit allen Rechten und Pflichten.

❖ **Die Teilnehmer**
Die Teilnehmer bringen klar und vollständig ihre Standpunkte ein, machen Vorschläge, hören aufmerksam zu, was andere zu sagen haben. Ihnen ist bekannt, daß sie keine Entscheidungsgewalt über die Umsetzung der Maßnahmen haben und sie diese auch nicht einklagen können.

❖ **Vorgesetzte**
Der oder die Vorgesetzte in der Gruppe ist *Primus inter pares*, also allen anderen gleichgestellt. Ein Problem in vielen Organisationen stellt jedoch die Rolle der Linienvorgesetzten dar, die ihre Befugnisse und Kompetenzen durch die Gruppe oftmals beschnitten sehen. Wenn sich die Gruppe solchen Aufgaben und Problemen widmet, für die früher jene Vorgesetzten zuständig waren, kann dies zu Konflikten und Spannungen führen. Linienvorgesetzte müssen daher ihre Rolle neu definieren: Sie sind nicht mehr allein für den Problemlösungsprozeß

verantwortlich, sondern nehmen eine Mittlerfunktion zwischen der Gruppe einerseits und der Geschäftsführung und dem Anwenderkreis andererseits ein. Das bedeutet, daß für sie kommunikative und beratende Tätigkeiten mehr im Vordergrund stehen als bisher.

❖ **Kleingruppenarbeit**
Eine weitere Möglichkeit, Konflikte innerhalb der Gruppe zu vermeiden, stellt die Kleingruppenarbeit dar. In einer kleinen Gruppe fühlt sich der einzelne freier, und er steht nicht so unter Druck, sich der Mehrheitsentscheidung zu unterwerfen. Der Meinungsaustausch zwischen den Gruppen kann auch kontrovers ausgetragen werden, ohne daß die Diskussion dadurch personalisiert wird. Wo immer möglich, sollte daher Kleingruppenarbeit durchgeführt werden.

6.3 Richtig miteinander reden

Lesen wir einmal in dem Buch »Gruppentraining« von Rainer Kirsten und Joachim Müller-Schwarz (1990, S. 63) nach, wie sich ungeübte Gruppen »einigen«:

»Jemand macht einen Vorschlag. Dieser Vorschlag wird aber bei allgemeinen, heftigen Diskussionen gar nicht beachtet.
Der Vorschlag wird begeistert aufgenommen; dann hat ein anderer ›eine noch bessere Idee‹. Der alte Vorschlag wird sofort fallengelassen und nicht mehr auf seine Verwendungsmöglichkeit untersucht.
In der Gruppe ist ein ›Experte‹, alle möchten eigentlich widersprechen, aber keiner wagt es, aus Angst, sich zu blamieren.
Einige haben sich schon vorher über die beste Lösung geeinigt (oder entdecken lautstark ihre Einigkeit in der Sitzung) und wollen sich jetzt nur noch die richtigen Bälle zuwerfen. Die übrigen schweigen ergriffen.
Man gibt sich demokratisch und beschwört als einzig mögliche Lösung eine Abstimmung. Keiner widerspricht, weil er ja nicht undemokratisch sein will.«

Gesprächsregeln nach der Themenzentrierten Interaktion (TZI)

Um die Kommunikation in der Gruppe möglichst konfliktfrei zu gestalten, sollten von Beginn an Regeln vereinbart werden, an die sich – nachdem alle zugestimmt haben – die Teilnehmer halten. In der Gruppenarbeit haben sich vor allem die vier Grundregeln aus der Themenzentrierten Interaktion (TZI) nach Ruth Cohn bewährt. Die TZI ist ein Modell zur Analyse von Gruppenprozessen, bei dem die Stimmungen des einzelnen (das »Ich«), der anderen Gruppenmitglieder (die »anderen«) und die gemeinsame Aufgabe (die »Sache«) miteinander in Beziehung gesetzt werden.

❖ **1. Grundregel: »Sei dein eigener Chairman!«**
Kommen ungute Stimmungen oder Kritik am Arbeitsprozeß auf, sollte jeder sagen, worum es ihm persönlich geht. Niemand sollte warten, bis andere sich dazu äußern. Oft werden nämlich aufkeimender Ärger und Frustrationen hinuntergeschluckt, weil sich niemand traut, etwas zu sagen, und man lieber wartet, bis sich andere zu Wort melden. Kommt irgendwann einmal das Faß zum Überlaufen, ist ein konstruktives Arbeiten nicht mehr möglich.

❖ **2. Grundregel: »Störungen haben Vorrang!«**
Treten Spannungen, Langeweile oder Unlust beim einzelnen oder in der Gruppe auf, sollte der Arbeitsprozeß unterbrochen und dem Grund der Störung sofort nachgegangen werden.

❖ **3. Grundregel: »Vertritt dich selbst in deinen Aussagen!«**
Jeder sollte für sich selbst und nicht für andere sprechen. Verallgemeinernde Wendungen von »wir«, wie zum Beispiel: »wir glauben ..., man tut ..., jedermann denkt ..., niemand sollte ... usw.« sind fast immer Versteckspiele, um von den persönlichen Gründen des Unbehagens abzulenken. Jeder sollte daher sein Anliegen in der Ich-Form vorbringen. Beispiele für Ich-Aussagen sind:
– »Ich möchte, daß wir zum Thema zurückkehren.«
– »Ich finde, wir zerreden alles.«
– »Mir ist zu warm hier drinnen, können wir das Fenster öffnen?«
– »Ich finde, wir verweilen zu lange bei diesem Thema.«
– »Ich kann mich nicht mehr länger konzentrieren. Können wir eine Pause machen?«

❖ **4. Grundregel: »Wenn du eine Frage stellst, sage dem Befragten, warum dir an einer Antwort gelegen ist!«**
Echte Fragen verlangen nach Informationen, um etwas zu verstehen. Werden die Gründe für den Wunsch nach Informationen genannt, wird für den Befragten das Anliegen des Fragestellers persönlicher und klarer. Fragen, die kein Verlangen nach Information ausdrücken, wie beispielsweise: »Sind Sie heute schlecht gelaunt? ... Ist Ihnen schon aufgefallen, daß hier ernsthaft gearbeitet wird? ... Haben Sie mir überhaupt zugehört ...?« sind unecht. Sie sind meist ein Zeichen für Unzufriedenheit und Konflikte; diese sollten zur Sprache gebracht werden.

Aktives Zuhören

Eine der wichtigsten, aber nicht immer leicht zu befolgenden Regeln ist das aktive Zuhören. Besonders bei hitzigen Debatten fällt es schwer, den Gesprächspartner nicht zu unterbrechen, wenn man selbst gerade einen »tollen« Gedanken hat. Das führt dazu, daß alle durcheinanderreden und hinterher niemand mehr weiß, worum es überhaupt ging. Dabei sind die Regeln für aktives Zuhören sehr einfach und äußerst effektiv, wenn es um Gruppendiskussionen geht. Sie lauten:

– Den anderen ausreden lassen, und
– das vom Vorredner Gesagte in eigenen Worten wiederholen, bevor man mit dem eigenen Gedanken fortfährt.

Machen Sie zu diesem Thema ein kurzes Training. Zeichnen Sie eine Diskussion mit dem Videorecorder auf und stellen Sie fest, welche Interaktionsmuster vorherrschen. Machen Sie eine Diagnose des Diskussionsklimas, und werten Sie diese gemeinsam mit der Gruppe aus.

6.4 Stimmungen rechtzeitig erkennen

Damit der Arbeitsprozeß nicht durch negative Gefühle wie Ärger, Langeweile oder Erschöpfung gefährdet wird, ist es notwendig, hin und wieder »Temperatur zu messen«, d.h. die Stimmung in der Gruppe zu erkennen, um angemessen darauf reagieren zu können. Die folgenden Methoden können Ihnen dabei helfen:

❖ **Stimmungsbarometer**
   Jeder Teilnehmer markiert mit einem Klebepunkt sein aktuelles Befinden auf einer »Stimmungs-Skala«. Der Gruppenleiter erkennt so die Stimmungsschwünge in der Gruppe und kann den Ursachen nachgehen.

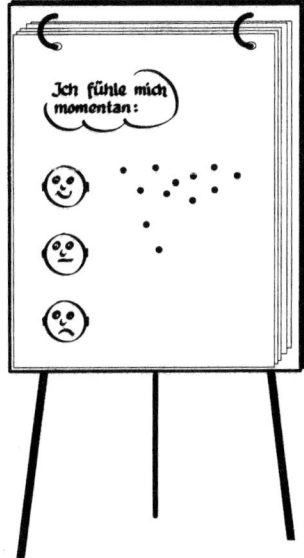

❖ **Blitzlicht**
Die Teilnehmenden nehmen rundum in ein oder zwei Sätzen – also schnell und ohne Umschweife – Stellung zu der Frage, wie sie sich fühlen und wie sie den Gruppenprozeß erleben. Es soll weder nachgefragt noch kritisiert oder kommentiert werden. Auf diese Weise bekommen alle – blitzartig – einen Eindruck, wie sich die anderen fühlen und können über das weitere Vorgehen besser entscheiden.

❖ **Behagen-Unbehagen-Plakat**
Jeder Sitzungsteilnehmer schreibt auf einen Packpapierbogen Kommentare und gibt so seinen Gefühlen auch inhaltlich Ausdruck. Die Plakate werden im Plenum diskutiert.

Kritik ist erlaubt

Manchmal ist es wichtig, seinen Gefühlen Luft zu machen, zu sagen, was einem nicht paßt und was man besser machen könnte. Jeder Teilnehmer sollte die Möglichkeit haben, seine Kritik frei zu äußern. Dabei gilt es, folgende Regeln zu beachten:

– Jeder Teilnehmer hat die gleiche – kurze – Redezeit (ca. eine Minute), um seine Meinung zu äußern.
– Jeder sollte seine Kritik in der Ich-Form vortragen und persönliche Angriffe oder verletzende Zuweisungen (z.B. »Sie können ja gar nicht zuhören!«) vermeiden. Beispiele für kritische Ich-Aussagen:
»Mich stört, daß sich einige aus den Diskussionen heraushalten.«
»Ich finde, wir verweilen zu lange bei bestimmten Themen.«
– Die Teilnehmer sollte neben ihrer Kritik auch sagen, was ihnen gefallen hat. Beispiele für positive Ich-Aussagen:
»Ich glaube, wir können jetzt einander besser zuhören.«
»Ich denke, wir sind heute ein gutes Stück weitergekommen.«
– Alle Kritikpunkte, aber auch Lob und Verbesserungsvorschläge werden auf ein Flipchart geschrieben bzw. ins Gruppenprotokoll aufgenommen und diskutiert.

Gruppenanalyse-Inventar

Die folgende Checkliste hilft Ihnen, die Stärken und Schwächen im Problemlöseverhalten der Gruppe zu analysieren und Maßnahmen zur Verbesserung der Gruppenarbeit einzuleiten. Beurteilen Sie die letzte Gruppensitzung, an der Sie teilgenommen haben. Kreuzen Sie die Zahl an, die Ihrer Meinung am ehesten zutrifft. 5 = trifft voll und ganz zu, 4 = trifft häufig zu, 3 = trifft teils, teils zu, 2 = trifft selten zu, 1 = trifft überhaupt nicht zu.

Der Arbeitsprozeß verlief systematisch, gekennzeichnet durch eine methodisch gute Führung	5 4 3 2 1
Auftauchende Probleme in der Gruppe wurden ohne Umschweife angesprochen und konstruktiv gelöst	5 4 3 2 1
Es gab keine Versuche, Meinungen oder Entscheidungen zu beeinflussen	5 4 3 2 1
Jeder ist zu Wort gekommen	5 4 3 2 1
Wir sind im Problemlösungsprozeß gut weitergekommen	5 4 3 2 1
Die Gruppe konnte sich ohne größere Konflikte auf Ergebnisse einigen	5 4 3 2 1
Unsere Maßnahmen und Lösungsvorschläge sind wirkungsvoll und adäquat	5 4 3 2 1
Die Teilnehmer sind gut aufeinander eingegangen, konnten einander zuhören, ohne sich gegenseitig zu unterbrechen	5 4 3 2 1
Die Teilnehmer akzeptierten die Standpunkte anderer ohne verbale Angriffe oder nichtverbale Formen der Ablehnung	5 4 3 2 1

Es gab kein »Fingerzeigen«, die Diskussion beschäftigte sich mit den Sachproblemen und nicht mit Personen und deren Verhalten   5 4 3 2 1

Die Zusammenarbeit war konstruktiv und störungsfrei   5 4 3 2 1

Die Zeit, die zur Verfügung stand, wurde gut genützt   5 4 3 2 1

Alle waren motiviert und voll bei der Sache   5 4 3 2 1

Die allgemeine Stimmung war gut   5 4 3 2 1

Frühere Fehler wurden nicht wiederholt   5 4 3 2 1

Auswertung

Addieren Sie zum Schluß alle Punktwertungen, und werten Sie sie nach der folgenden Übersicht aus:

56–75 Punkte

[handschriftlich: 15...35]

Die Zusammenarbeit in der Gruppe weist erhebliche Mängel auf. Überlegen Sie, welche Maßnahmen Sie ergreifen wollen, z. B.: Diskussionsregeln, Training, Zusammensetzung der Gruppe

36–55 Punkte

Der Arbeitsprozeß verläuft insgesamt noch zufriedenstellend, nicht aber störungsfrei. Suchen Sie gezielt nach den Schwachstellen, um die Gruppenarbeit effektiver zu machen.

15–35 Punkte

[handschriftlich: 56–75]

Die Gruppenarbeit verläuft konstruktiv und ohne Störungen, Sach- und Beziehungsebene in der Gruppe stimmen.

Eine stetige und sorgfältige Bewertung des Gruppenprozesses ist unerläßlich für ein gemeinsames Lernen und für ein kreatives Arbeiten in der Gruppe.

[handschriftliche Notiz: ✗ Druckfehler]

Anhang

Nachwort

Wir leben in einer immer komplizierter werdenden, vernetzten Welt, in der das eigene Tun und Lassen nicht mehr ohne Auswirkungen auf die Umwelt und andere Menschen bleibt. Gleichzeitig werden die Menschen sich selbst und ihrer Fähigkeiten immer bewußter, wollen ihr eigenes Schicksal mitbestimmen und mitgestalten. Angesichts der kleinen und großen Probleme reicht jedoch das alte Wissen, reichen die alten Strukturen nicht mehr aus. Was wir deshalb dringend brauchen, sind Menschen, die es gelernt haben, Probleme selbständig zu lösen, und Organisationsstrukturen, die ihnen das ermöglichen. Da gibt es noch viel zu tun, denn immer noch lauern die Feinde der Kreativität und der Innovation: Bürokratie und Schubladendenken. Da gibt es immer noch Organisationen, in denen der Kalenderspruch »Bei uns darf jeder seine eigene Meinung haben, solange sie sich mit der des Chefs deckt!« keineswegs nur als Witz gemeint ist, und es gibt immer noch zu viele Mitarbeiterinnen und Mitarbeiter, die unsichtbare *Sticker* mit der Aufschrift tragen: »Wofür ich nicht ausgebildet wurde, dafür bin ich ich nicht zuständig!«

Die Autoren Thomas J. Peters und Robert H. Waterman schreiben in ihrem Buch »Auf der Suche nach Spitzenleistungen« über die erfolgreichsten amerikanischen Unternehmen, daß es dort für Außenstehende keine sichtbare Hierarchie gibt und es im Mitarbeiterstab wie in einem Bienenstock zugeht: Überall trifft man auf offene Türen und auf Menschen, die miteinander diskutieren und ihre Gedanken auf Flipcharts visualisieren, sogar auf den Fluren. Offenbar sind durchlässige Strukturen und sogar ein »kreatives Chaos« wesentliche Voraussetzungen für Erfolg und Innovation.

Der schnelle Erfolg darf uns aber nicht blind machen für die Tragweite unserer Entscheidungen in einer vernetzten Welt. Gefragt ist deshalb ein ganzheitliches Problemverständnis, welches die Ökologie mit einschließt.

162

Zur Ökologie gehört nicht zuletzt der Mensch mit all seinen Wünschen, Bedürfnissen, Hoffnungen und Ängsten.

Wenn es uns gelingt, jedem in seinem Bereich, Lösungen zu erarbeiten, die diesem Anspruch gerecht werden, sind wir für die Zukunft bestens gerüstet. Ich hoffe, mit diesem Buch ein klein wenig dazu beigetragen zu haben. In diesem Sinne wünsche ich Ihnen, liebe Leserin, lieber Leser, viel Erfolg bei der Lösung von Problemen, gleich welcher Art.

Glossar: Erklärung der Fachbegriffe und Methoden

Abstraktion
Verallgemeinerung; aus einer Reihe gleichartiger Elemente Grundzüge herausstellen.

Analogie
Ähnlichkeit; Entsprechung.

Assoziation
Gedankliche Verbindung.

Bionik
Kreativitätstechnik nach John E. Steele, nach der für ein Problem Entsprechungen in der Natur oder Technik gesucht und diese auf das Problem übertragen werden.

Blitzlicht
Spontane Stellungnahme der Teilnehmenden eines Seminars oder einer Gruppensitzung zum Tagungsverlauf.

Brainstorming
Engl.: Geistessturm; eine von Alex Osborne entwickelte Kreativmethode, bei der eine Gruppe alle spontanen Einfälle zu einem Thema sammelt und nach neuen – auch ungewöhnlichen – Ideen für ein Problem sucht.

Collage
Aus Papier oder anderem Material geklebtes Bild.

Denkrille
Gewohnte, eingefahrene Bahn des Denkens, die es verhindert, daß man für ein Problem zu neuen Lösungen kommt – oder es überhaupt wahrnimmt.

divergent
Auseinanderlaufend, sich von einem gemeinsamen Punkt entfernend.

divergentes Denken
Suche nach originellen Ideen und Lösungsansätzen, indem man sich vom unmittelbaren Problemumfeld entfernt. (Siehe konvergent bzw. konvergents Denken.)

Eisberg-Regel
Methode zur Problemanalyse. Sie beruht auf der Erkenntnis, daß ein wahrgenommenes Problem meist nur ein Symptom für tiefer liegende Ursachen, also die Spitze eines »Problem-Eisberges«, darstellt.

Fischgrät-Diagramm
Siehe Ishikawa-Diagramm.

Flipchart
Von engl.: flip, nach hinten schnippen, und chart, Blatt, Karte. Auf einem Stativ stehende Metall- oder Kunststoffwand, an der in der Art eines Ringbuches großformatige Papierblätter befestigt sind, sozusagen ein überdimensionaler »Notizblock«.

Follow up
Nachfolgende Maßnahme; nachfassen.

Force Fit
Engl.: mit Macht bzw. Gewalt etwas fit, passend, machen. Letzte Phase in der synektischen Methode, in der alle Ideen und Lösungsansätze so verändert werden, daß sie auf das Ausgangsproblem angewendet werden können.

funktionale Gebundenheit
Die Schwierigkeit, sich für Gegenstände, aber auch für bestehende Strategien, Verfahren und Konzepte neue Verwendungszwecke auszudenken.

geleitete Phantasie
Eine gerichtete, problemlösende Phantasie zu einem bestimmten Thema.

Gruppen-Delphi
Bewertungsmethode für Problemlösungen, bei der die Gruppenteilnehmer Punkte für die besten Lösungsvorschläge vergeben.

Hemisphären-Theorie
Eine von Robert Ornstein entwickelte Theorie, wonach die linke Gehirn-

hälfte bzw. -hemisphäre für logisch-abstrakte und die rechte für ganzheit-lich-intuitive Denkvorgänge zuständig ist.

Inkubation
Der Sachverhalt bedeutet in der Medizin die Frist zwischen der Übertra-gung einer Infektionskrankheit und deren Ausbruch. Beim Denkprozeß: das unbewußte Weiterarbeiten nach einer Phase intensiver Beschäftigung mit einem Problem, dem häufig eine Lösung oder ein neues Problemver-ständnis folgt.

Innovation
(Er-)Neuerung, Erfindung, Entdeckung; darunter versteht man auch die neue, fortschrittliche Lösung eines (technischen) Problems bei Produkten oder Verfahren.

Ishikawa-Diagramm
Ursache-Wirkungs-Diagramm für Probleme bzw. Problemlösungen, be-nannt nach seinem Erfinder, dem japanischen Wirtschaftsprofessor Ishi-kawa.

Kartenabfrage
Darstellungs- bzw. Visualisierungstechnik, bei der die Gruppenmitglieder ihre Ideen, Beiträge oder Einwände anonym auf Kärtchen schreiben und auf ein Plakat heften.

Killerphrase
Typische Redensart bzw. Ausflucht, die ein fruchtbares Zusammenarbei-ten verhindert.

konvergent
Zusammenlaufend, auf einen gemeinsamen Punkt hin ausgerichtet. Beim Denkprozeß: auswählend, bewertend.

konvergentes Denken
Aus einer Anzahl von Handlungs- oder Denkmöglichkeiten diejenige(n) auswählen, die zu einer Lösung bzw. zum Ziel führen.

Kraftfeldanalyse
Von Kurt Lewin entwickelte Methode, um positiv und negativ wirkende Kräfte auf ein Problem oder eine Problemlösung zu analysieren.

Kreativität
Schöpfertum; die Fähigkeit, für ein Problem neue und originelle Lösungen zu entwickeln.

kreativ
Schöpferisch, einfallsreich.

Laterales Denken
Nach Edward de Bono alle Methoden der Problemverfremdung, die einen Wechsel eingeschliffener Denkrichtungen bewirken.

Matrix
Jede zweidimensionale Darstellung von zusammengehörigen Werten.

Mind Map
Engl.: Landkarte des Geistes; von Tony Buzan entwickelte Kreativtechnik zur Visualisierung spontaner Einfälle und Konzepte.

Moderation
Alle Gruppenarbeits- und Darstellungstechniken zur Verarbeitung von Informationen und zur Selbststeuerung von Lernprozessen in einer Gruppe.

Moderator
Gruppenleiter und Methodenhelfer. Der Moderator regt selbstgesteuerte Lernprozesse in der Gruppe durch geeignete Methoden an.

Morphologie
Lehre von der Gestalt, Form und Struktur von Lebewesen und Materie. (Der Begriff stammt von Johann Wolfgang v. Goethe.)

Morphologischer Kasten
Von Fritz Zwicky entwickelte Kreativtechnik für Problemstellungen, zu deren Lösung viele Faktoren unterschiedlichster Art durch Kombination miteinander in Beziehung gesetzt werden können.

Pareto-Prinzip
Der von dem italienischen Ökonom Vilfredo Pareto um die Jahrhundertwende entdeckte Sachverhalt, daß zwanzig Prozent der Bevölkerung über achtzig Prozent des Volksvermögens verfügen. Die »20:80-Regel« läßt sich auch auf andere Bereiche übertragen: Zwanzig Prozent der Ursachen

sind für achtzig Prozent der Probleme in einer Organisation verantwortlich.

Pinwand
Stellwand mit Stoff-, Kork- oder Kunststoffbezug, auf die mittels Stecknadeln (engl. pin) Plakate, Kärtchen und Symbole angeheftet werden können.

Plenum
Vollversammlung, Gesamtheit einer (Seminar-)Gruppe.

PMI-Methode
Verfahren zur Lösungsauswahl nach Edward de Bono, bei dem brauchbare Plus-, unbrauchbare Minus- und interessante Ideen unterschieden werden.

Problem
Auseinanderklaffen von Ist- und Soll-Zustand, zu dessen Überwindung die entsprechenden Informationen, Fertigkeiten oder Strategien fehlen.

Problemlösen
Prozeß der aktiven Informationsaufnahme und -verarbeitung bei der Bewältigung eines Problems.

Stimmungs-Barometer
Methode, um in einer Gruppe Stimmungsveränderungen sichtbar zu machen, indem die Teilnehmenden durch Ankleben von Selbstklebepunkten oder Ankreuzen auf einem Stimmungsraster ihre momentane Stimmungs- und Gefühlslage dokumentieren.

Synektik
Griech. synecticos, Zusammenfügen von verschiedenartigen, anscheinend nicht zusammenhängenden Elementen. Die Synektik, entwickelt von William Gordon, verfolgt zwei Prinzipien bei der Lösung von Problemen: Das Fremdartige vertraut machen und das Vertraute fremd machen. Die Mittel dazu sind Analogien und Phantasiearbeit.

Synergie
Das Zusammenwirken verschiedener Kräfte, um eine einheitliche Leistung und sogar eine Leistungssteigerung (Das Ganze ist mehr als die Summe seiner Teile) zu erzielen.

Szenario
Handlungs- bzw. Einsatzplan; geplantes Vorgehen bei einem Projekt.

Themenzentrierte Interaktion (TZI)
Modell zur Analyse von Gruppenprozessen von Ruth Cohn, bei dem die Stimmungen und Bedürfnisse des einzelnen (das »Ich«), der anderen Gruppenmitglieder (die »anderen«) und die gemeinsame Aufgabe (die »Sache«) miteinander in Beziehung gesetzt werden.

visualisieren
Sichtbar machen.

Visualisierung
Sichtbarmachen von Zusammenhängen und Informationen.

Workshop
Arbeits- bzw. Problemlösungsgruppe.

Literaturverzeichnis

Allman, W.F.: Menschliches Denken – Künstliche Intelligenz, München 1990

Baron, R.A./Greenberg, J.: Behavior in Organizations. Needham Heights 1989

Beriger, P.: Quality circles und Kreativität. Bern, 2. Aufl. 1987

Beyer, G.: Sind Sie ein kreativer Mensch? Bonn 1987

Beyer, M.: BrainLand, Mind Mapping in Aktion. Paderborn 1993

Bugdahl, V.: Kreatives Problemlösen. Würzburg 1991

de Bono, E.: Edward de Bono's Denkschule. München 1990

de Bono, E.: Konflikte, Neue Lösungsmodelle und Strategien. Düsseldorf 1989

Dilts, R.B.: Walt Disney the Dreamer, the Realist, and the Critic. New York 1990

Fatzer, G.: Ganzheitliches Lernen, Humanistische Pädagogik und Organisationsentwicklung. Paderborn, 2. Aufl. 1987

Francis, D./Young, D.: Mehr Erfolg im Team. Hamburg, 3. Aufl. 1989

Gamber, P.: Konflikte und Aggressionen im Betrieb. München, 2. Aufl. 1995

Guilford, J.P.: Kreativität. In: Mühle, G./Schell, Ch. (Hrsg.): Kreativität und Schule. München 1970

Hartmann, M./Funk, R./Nietmann, H.: Präsentieren – Präsentationen: zielgerichtet und adressatenorientiert. Weinheim und Basel, 3. Aufl. 1995

Kirckhoff, M.: Mind Mapping, die Synthese von sprachlichem und bildhaftem Denken. Berlin 1988

Kirsten, R. E./Müller-Schwarz, J.: Gruppentraining. Reinbek 1976

Klebert, K./Schrader, E./Straub, W.G.: Kurz-Moderation, Hamburg, 2. Aufl. 1987

Knoll, J.: Kurs- und Seminarmethoden. Weinheim und Basel, 6. Aufl. 1995

Kolb, D.A./Rubin, I.M./McIntyre, J.M.: Organizational Psychology. Englewood Cliffs 1984

Langner-Geißler, T./Lipp, U.: Pinwand, Flipchart und Tafel (Band 3 des Medienpaketes »Mit den Augen lernen«). Weinheim und Basel, 2. Aufl. 1994

Linneweh, K.: Kreatives Denken. Rheinzabern, 4. Aufl. 1984

Lipp, U./Will, H.: Das große Workshop-Buch. Weinheim und Basel 1996

Mantel, M.: Effizienter lernen. München 1990

Ornstein, R: Multimind – Ein neues Modell des menschlichen Geistes. Paderborn 1989

Peters, T.J./Waterman, R.H.: Auf der Suche nach Spitzenleistungen. München 1990

Pokras, S.: Systematische Problemlösung und Entscheidungsfindung. Wien 1991

Robson, M.: Problem Solving in Groups. Aldershot/Vermont 1993

Sanborn, M.: Teamarbeit. München 1994

Schmidt, J.: Mehr Motivation durch Mitbestimmung – Das Konzept der Zukunft heißt »Innovationsmanagement«. In: Personalführung 6/1994

Seifert, J.W./Pattay, S.: Visualisieren – Präsentieren – Moderieren. Speyer, 2. Aufl. 1990

Seiwert, L.J.: Mehr Zeit für das Wesentliche. Landsberg am Lech, 14. Aufl. 1992

Speck, D.: Erfolgreiche Problemlösung – das ZIMT-Modell. Düsseldorf 1990

Toelstede, B./Gamber, P.: Video-Training und Feedback. Weinheim und Basel 1993

Watzlawick, P./Weakland, J.H./Fisch, R.: Lösungen – Zur Theorie und Praxis menschlichen Wandels. Bern/Stuttgart, 5. Aufl. 1992

Watzlawick, P.: Die Möglichkeit des Andersseins – Zur Technik der therapeutischen Kommunikation. Bern/Stuttgart, 4. Aufl. 1991

Wickert, J.: Einstein. Reinbek, 17. Aufl. 1993

Will, H. (Hrsg.): Mit den Augen lernen. Medien in der Aus- und Weiterbildung (5 Bände im Schuber). Weinheim und Basel, 2. Aufl. 1994

Will, H.: Overheadprojektor und Folien (Band 4 des Medienpakets »Mit den Augen lernen«). Weinheim und Basel, 2. Aufl. 1994

Zwicky, F.: Entdecken, Erfinden, Forschen. München/Zürich 1966

Bildnachweis

S. 18 National Lampoon. Aus: Das große Wahnwitz Lexikon. 1983

S. 33 Punch. Aus: Das große Wahnwitz Lexikon. 1983

S. 42 Punch. Aus: Das große Wahnwitz Lexikon. 1983

S. 60 Foto: Paul Gamber

S. 82 Foto: Paul Gamber

S. 113 Foto: Paul Gamber

S. 121 Foto: Paul Gamber

S. 128 Foto: Paul Gamber

S. 136 Foto: Neuland GmbH, Eichenzell

S. 157 Seifert, Josef W.: Visualisieren Präsentieren Moderieren, Offenbach 1989, Seite 135

W BELTZ WEITERBILDUNG

Martin Hartmann
Rüdiger Funk
Horst Nietmann
Präsentieren
Präsentationen: Zielgerichtet
und adressatenorientiert.
189 Seiten. Gebunden.
ISBN 3-407-36319-2

»Wer eine ›Dramaturgie der
Präsentation‹ sucht, wird hier
fündig! In der Verschränkung
von Ziel, Inhalt und Methode ist
dieses Buch Spitzenklasse, immer
wieder mit Gewinn zu Rate zu
ziehen.«
Wolfgang Beywl, Contraste

»Ein empfehlenswertes Buch
für alle, die ihre Präsentation
verbessern wollen.«
Betriebliches Vorschlagswesen

Aus dem Inhalt:
Vorbereitung, Aufbau und Durchführung der Präsentation; Fragen
und Diskussion; Visualisierung
und Einsatz von Medien; Lampenfieber; Rhetorik, Mimik, Gestik;
Gestaltung optimaler Rahmen-
bedingungen für eine Präsentation;
Checkliste.

Susanne Motamedi
Rede und Vortrag
Sorgfältig vorbereiten, stilistisch
ausarbeiten, erfolgreich durchführen.
132 Seiten. Broschiert.
ISBN 3-407-36310-9

»Susanne Motamedi verbindet die
Erkenntnisse der wissenschaft-
lichen Rhetorik mit den praktischen
Anforderungen von Beruf und
Alltag. Ihre Ratschläge sind zugleich
fundiert, verständlich und korrekt.«
Vorarlberger Lehrerzeitung

»Ob Fachvortrag, Meinungs-
oder Gelegenheitsrede, das Buch
ist ein zuverlässiger Helfer in
allen Sprechsituationen.«
Jugend-Beruf-Gesellschaft

Aus dem Inhalt:
Über die Rhetorik; Aufbau von
Rede und Vortrag; Verständlichkeit;
Redefiguren; Atmung, Stimme
und Aussprache; Körpersprache;
Lampenfieber; Kurzstatements;
Gelegenheitsrede; Sachvortrag.

Sigmar Saul
Führen durch Kommunikation
Gespräche mit Mitarbeiterinnen
und Mitarbeitern.
126 Seiten. Broschiert.
ISBN 3-407-36307-9

»Dieses Buch liefert die Grund-
lage für eine optimale Gesprächsführung.«
VDBUM-Information

»Das Buch ist zudem leicht lesbar,
anregend und problemorientiert.«
*Prof. Ulrich Gonschorrek,
Der Verwaltungswirt*

»Ein interessantes und informatives
Buch (...), das keineswegs nur
Führungskräften, sondern auch
deren Gesprächspartnern dringend
zu empfehlen ist.«
Bonner Generalanzeiger

Aus dem Inhalt:
Die zwei Hauptfunktionen des
Mitarbeitergesprächs; Grundlagen
mitarbeiterorientierter Gesprächsführung; Lenken des Mitarbeitergesprächs; Spezielle Techniken der
Gesprächsführung; Empfehlungen
für das Selbststudium.

Theo Gehm
Kommunikation im Beruf
Hintergründe, Hilfen, Strategien.
228 Seiten. Broschiert.
ISBN 3-407-36312-5

»Theo Gehms Publikation ist gleichzeitig Ratgeber und Lehrbuch. (...)
Der Band ist klar strukturiert und in
kurze, auch einzeln konsultierbare
Abschnitte unterteilt, die zusätzlich
vertiefende Übungen Anbieten. Das
stark auf die Praxis ausgerichtete
Buch kann allen Berufsleuten helfen, ihr kommunikatives Verhalten
zu verbessern und ihre Gespräche
bewußter zu führen.«
Der kleine Bund

»Ein Leitfaden, der seinen Preis
wert ist.« *Angela E. Kardung,
ekz-Informationsdienst*

Aus dem Inhalt:
Dissonanz und ihre Folgen; Ziel-
orientierte Gesprächsvorbereitung;
Kommunikationstechniken; Frage-
formen und ihr gezielter Einsatz;
Öffnende Gesprächsführung und
aktives Zuhören.

Beltz Verlag · Postfach 100154 · 69441 Weinheim

B0010

W BELTZ WEITERBILDUNG

Karlheinz A. Geißler
Anfangssituationen
Was man tun und besser
lassen sollte.
179 Seiten. Broschiert.
ISBN 3-407-36303-0

»Auch wenn Sie die Anfänge Ihrer
Seminare immer ohne mulmiges
Gefühl souverän und überlegen
meistern, keine Probleme mit
Dauerrednern und Schweigern
haben, Zuspätkommende problem-
los integrieren und schon genügend
Spiele für schwungvolle Anfänge
kennen – werden Sie dieses unter-
haltsam geschriebene Buch mit
seinen humorvollen Zitaten wahr-
scheinlich mit Vergnügen lesen ...«
villa bossNova,
Lebendige Seminarmethoden

Aus dem Inhalt:
Die Soziodynamik von Anfangssituationen; Die Angst des
Dozenten vor und in Anfangssituationen; Redner und Schweiger;
Ist es sinnvoll, das Kennenlernen
spielerisch zu gestalten? Regeln
zur Orientierung der Teilnehmer;
Beispiele von Anfangssituationen.

Karlheinz A. Geißler
Schlußsituationen
Die Suche nach dem guten Ende.
156 Seiten. Broschiert.
ISBN 3-407-36304-4

»Die Lektüre dieses Buches macht
Spaß. (...) Das Buch kann jedem
empfohlen werden, der Bildungs-
veranstaltungen durchführen und
zu einem guten Ende bringen will.«
Günter Pätzold, Die berufsbildende
Schule

»Das Muster eines Buches, aus
dem man gern lernt, was man auch
auf diese Weise lernen kann.«
Kunst + Unterricht

»Ein empfehlenswertes, weil
hilfreiches und handhabbares
Buch (...).«
Organisationsentwicklung

Aus dem Inhalt:
Die Auflösung der Zusammenarbeit; Rituale der Trennung;
Prüfungen: Das Macht-volle Ende;
Das Finale verlangt nach Gestaltung; Auswertung in Schlußsituationen; Transfer; Übergänge
gestalten.

Karlheinz A. Geißler
Lernprozesse steuern
Übergänge: Zwischen Willkommen
und Abschied.
215 Seiten. Broschiert.
ISBN 3-407-36320-6

Wie kann man gut und erfolgreich
den Lernalltag steuern? Diese Frage
stellen sich in zunehmendem Maße
Trainerinnen, Dozenten, Referentin-
nen und Seminarleiter. Die Akzeptanz von Führung muß heute durch
anspruchsvolle Gestaltungs- und
Steuerungsarbeit erreicht werden.
Dieses Buch zeigt, wie man diesen
Ansprüchen gerecht werden kann.
Mit zahlreichen Beispielen aus der
Praxis werden Methoden, Verfahren und Empfehlungen angeboten,
die helfen, sich in der Komplexität
der sozialen Prozesse des Lehrens
und Lernens zurechtzufinden. Dies
gilt insbesondere für die Übergänge,
die zwischen dem Anfangen und
dem Aufhören liegen.

Aus dem Inhalt:
Lehr-/Lernprozesse steuern und
gestalten; Schwierige Situationen;
Übergänge; Die Gruppe und ihre
Dynamik.

Bernd Weidenmann
**Erfolgreiche Kurse und
Seminare**
Professionelles Lernen
mit Erwachsenen.
224 Seiten. Broschiert.
ISBN 3-407-36322-2

Erwachsene Lerner sind anspruchsvoll. Sie wünschen sich lebendige,
effektive, praxisnahe Kurse und
Seminare. So werden Kurs- und
Seminarleiter in der Erwachsenenbildung heute mehr gefordert als
je zuvor. Sie müssen in vielerlei
Hinsicht mit hoher Professionalität
arbeiten
- als Experte zum Thema
- als Arrangeur von Lern-
  situationen
- als Coach
- als Teamentwickler
- als Krisenmanager
- als Gestalter der Seminarkultur
Der renommierte Lernpsychologe
und erfahrene Trainer Bernd
Weidenmann stellt vor, worauf es
ankommt. Das Buch enthält eine
Fülle von interessantem Hinter-
grundwissen, anschaulichen
Beispielen aus der Praxis und
erprobten Anregungen.

Beltz Verlag · Postfach 100154 · 69441 Weinheim

B0009

WBELTZ WEITERBILDUNG

Jörg Knoll
Kurs- und Seminarmethoden
Ein Trainingsbuch zur Gestaltung
von Kursen und Seminaren,
Arbeits- und Gesprächskreisen.
202 Seiten. Broschiert.
ISBN 3-407-36301-X

»Dieses Buch erklärt fundiert und
anschaulich vor dem Hintergrund
ganz konkreter Beispiele aus der
Praxis, welche Kriterien man bei
der Auswahl seiner Methoden
beachten sollte, um die Gruppe
optimal motivieren und aktivieren
zu können.«
villa bossaNova,
Lebendige Seminarmethoden

»Ein vergleichbar solide gemachtes,
praxisnahes und ansprechendes
Methodenbuch ist mir nicht
bekannt.«
Hans-*Joachim Petsch, Unser Auftrag*

Aus dem Inhalt:
Methoden in der Anwendung;
Einflüsse bei der Auswahl und
Durchführung von Methoden;
Einzelne Methoden (Sandwich-
Methode, Motorinspektion,
Fallarbeit, Metapher-Meditation,
Phantasiereise u.a.m.).

Jörg Knoll
Kleingruppenmethoden
Effektive Gruppenarbeit in Kursen,
Seminaren, Trainings und Tagungen.
144 Seiten. Broschiert.
ISBN 3-407-36309-5

»Dieses Buch versteht sich als Pra-
xishilfe und folgt dem Grundsatz,
daß Kleingruppen ein höchst wirk-
sames Instrument der Arbeit sind,
sofern es präzise eingesetzt wird.«
TRAINING aktuell

»Das Buch ist sehr benutzerfreund-
lich aufgebaut, bietet viele Beispiele
und optische Auflockerungen (...)
und verdient meines Erachtens das
Prädikat ›besonders praxisorien-
tiert‹.«
Werner Lenz, Erwachsenenbildung
in Österreich

Aus dem Inhalt:
Einsatzbereiche von Gruppen-
arbeit (Eröffnung, Vertiefung,
Abschluß von Arbeitsphasen);
Entwicklung und Formulierung
von Arbeitsaufträgen; Varianten
und Techniken; Übergänge von
Gruppenarbeit zum Plenum.

Ulrich Lipp / Hermann Will
Das große Workshop-Buch
Konzeption, Inszenierung und
Moderation von Klausuren,
Besprechungen und Seminaren.
299 Seiten. Gebunden.
ISBN 3-407-36321-4

Workshops und Klausuren sind
spezielle Arbeitstreffen. Sie sind
aber nur dann erfolgreich, wenn
Arbeitstechniken und Dramaturgie
stimmen. Die Autoren öffnen in
diesem Buch ihren gut gefüllten
Werkzeugkasten des Moderatoren-
handwerks – entstanden und
bewährt in vielen Praxiseinsätzen.
Nicht nur Workshops, sondern
auch Besprechungen, Tagungen
und Seminare dadurch lebendiger
und effektiver.

Aus dem Inhalt:
Workshop-»Philosophie«; Ablauf-
pläne von Workshops; Diskussions-
formen in Workshops; Kartenabfrage, Zuruflisten, Blitzlicht, Mind-
Mapping; Bewerten und Entscheiden; Arbeit in Kleingruppen;
Visualisieren und Dokumentieren;
Umsetzung anschieben; Krisen-
management; Workshop-Exoten.

Gudrun F. Wallenwein
Spiele: Der Punkt auf dem i
Kreative Spiele zum Lernen
mit Spaß.
252 Seiten. Broschiert.
ISBN 3-407-36318-4

Viele Versuche wurden in den
letzten Jahren unternommen, um
herauszufinden, wie unser Gehirn
funktioniert, wie es arbeitet und
welche Bedingungen gute Ergebnisse fördern. Das »spielende
Lernen« spielt dabei eine wichtige
Rolle. Spielen kann uns lern- und
aufnahmebereit machen, kann uns
positiv öffnen, uns den Arbeits-
und Lernstreß nehmen. In diesem
Buch hat Gudrun F. Wallenwein in
eigenen Trainings erprobte Spiele
und Übungen gesammelt, die in
den unterschiedlichsten Situationen
eingesetzt werden können.

Aus dem Inhalt:
Der Seminarbeginn; Spiele in und
nach der Pause; Spiele am Ende
eines Seminartages; Konzentrations-
spiele; Lernspiele; Kommunikations-
spiele; Kreativspiele; Entspannung;
Mit Musik geht alles besser.

Beltz Verlag · Postfach 100154 · 69441 Weinheim

B0011

WBELTZ WEITERBILDUNG

Hermann Will (Hrsg.)
Mit den Augen lernen
Medien in der
Aus- und Weiterbildung.
5 Bände im Schuber.
557 Seiten. Broschiert.
ISBN 3-407-36014-2

Die fünf Bücher in diesem Schuber
befassen sich mit ganz unterschiedlichen Medien – von Teilnehmer-
unterlagen über Flipchart bis zu
Video und Film. Der erste Band
gibt eine Einführung in das Lernen
mit Medien. Diesem eher theorie-
orientierten »Brückenband« folgen
vier betont praxisbezogene Bücher.
Die Bände nehmen zwar Bezug
aufeinander, können aber auch für
sich genommen sinnvoll gelesen
werden.

»Ein gutes Instrumentarium und
Hilfsmittel für den Dozentenalltag.«
TRAINING aktuell

»Erfreulich konkret und anschaulich wird diese in verständlicher
Sprache gehaltene Reihe durch
vielfältige Illustrationen und Tips
bis hin zu Bezugsadressen. Durch
das eigenwillige quadratische
Format besteht reichlich Platz
für Randbemerkungen. Richtige
Arbeitsbücher also.«
Süddeutsche Zeitung

Band 1
Weidenmann
Lernen mit Bildmedien
Psychologische und didaktische
Grundlagen.
124 Seiten. Broschiert.
ISBN 3-407-36015-0

Band 2
Ballstaedt
**Lerntexte und Teilnehmer-
unterlagen**
104 Seiten. Broschiert.
ISBN 3-407-36016-9

Band 3
Langner-Geißler/Lipp
Pinwand, Flipchart und Tafel
96 Seiten. Broschiert.
ISBN 3-407-36017-7

Band 4
Will
Overheadprojektor und Folien
109 Seiten. Broschiert.
ISBN 3-407-36018-5

Band 5
Kittelberger/Freisleben
Lernen mit Video und Film
124 Seiten. Broschiert.
ISBN 3-407-36019-3

Hermann Will
**Mini-Handbuch
Vortrag und Präsentation**
Für Ihren nächsten Auftritt
vor Publikum.
68 Seiten. Broschiert.
ISBN 3-407-36314-1

»An einen guten Vortrag erinnert
man sich nicht immer, einen
schlechten aber vergißt man nie!«
Darum lohnt sich das Vorbereiten
auf den nächsten Auftritt vor
Publikum.

»Jeder der vorträgt, sollte zumindest dieses Minihandbuch einmal
gelesen haben, es lohnt sich.«
Deutsche Apotheker Zeitung

»Die Texte sind knapp und
prägnant formuliert. Damit eignet
es sich ganz besonders als Nach-
schlagewerk für Teilnehmer von
Präsentationstechnik-Seminaren
oder Rhetorikkursen. Es ist aber
auch ideal als schnelle Auffrischung
für alle diejenigen, die nicht ständig
Vorträge halten müssen.«
Windmühle

Reinhard van Vugt
**Audiovisuelle
Kommunikation**
Elektronische Medien in
Aus- und Weiterbildung,
Präsentation und Konferenz.
253 Seiten. Gebunden.
ISBN 3-407-36313-3

»Ein Buch, bei dem der Leser
stets spürt – der Autor ist Praktiker.
(...) Ein ohne Einschränkung
empfehlenswertes Buch.«
m+s Jahrbuch 1995

»Allgemeinverständlich und
prägnant verfaßt, offeriert der
Verfasser eine kompakte Einführung
in die moderne Unterrichtsgestaltung und Präsentation.«
K. Schneider, Sozial extra

»Der Lektüre des verständlich
geschriebenen Buches folgt ein
Gefühl der Erleichterung: endlich
weiß man einmal, was es alles gibt,
was hinter den neumodischen
Begriffen steht und was für einen
selbst in Frage kommen könnte.«
Motivation

Beltz Verlag · Postfach 100154 · 69441 Weinheim